Umbrien

Michael Neumann-Adrian
Edda Neumann-Adrian

W0045872

Reisen mit Erlebnis-Garantie

MERIAN-TopTen

Was Sie unbedingt sehen sollten

MERIAN-Tipps

Persönliche Empfehlungen
unserer Autoren

MERIAN-Bewertung

Nicht zu übertreffen

Herausragend

Sehr gut

Für Familien

Für Eltern mit Kindern besonders
geeignet

Tourenplaner

Damit Sie leichter ans Ziel kommen

Titelbild

Orvieto (T. Stankiewicz)

Ein Höhepunkt jeder Umbrienreise ist Assisi, die Stadt des Heiligen Franziskus.

Die Buchstaben-Zahlen-Kombinationen im Text verweisen auf die Planquadrate der Karten, z. B.
■ A 10, S. 120: Kartenatlas;
■ c 2, S. 37: Detailkarte innen;
■ c 5: Klappenkarte hinten.

Ein Land voller Verlockungen:
Trüffeln und Orvieto Classico, kostbare Kunst,
Berge, so weit das Auge reicht, dazu die Spuren
Hannibals und des hl. Franziskus.

Der Lago di Piediluco, der zweitgrößte See Umbriens, wird von waldbewachsenen Bergen gerahmt, die bis zu einer Höhe von 1100 Meter ansteigen.

Die Sonnenblume heißt hier **girasole**, »Drehsonne«. Ein passender Name, denn ihre Blüten drehen sich nach dem herrlichen Licht Umbriens. Felderweit lassen sie das Hügelland sonnengelb aufleuchten. Die »Drehsonnen« haben in Umbrien auch Verwandte aus Stein: die Fensterrosen über den Portalen mittelalterlicher Kirchen nämlich, wunderschöne Schmuckformen, vom einfachen Speichenrad bis zu reichem Maßwerk. Oft haben die Baumeister, verliebt in diese Vision von Natur und Kunst, mehr als eine Fensterrose in die Fassade gesetzt. Am Dom von Spoleto zählt man sogar acht! Wer einmal im Nachmittagslicht auf Spoletos Domplatz gestanden hat, vergisst es nicht mehr: wie sich gleich hinter dieser kostbaren Domfassade der Blick auf das Silbergrün der Olivenhügel öffnet und auf die lichtbraunen Gebirgshänge, in immer noch weiterer Ferne.

Trotz so viel Sonne und so viel Licht – steht Umbrien nicht im Schatten der Toskana? Und das nicht allein, weil Umbrien keinen schiefen Turm von Pisa und keinen David von der Hand Michelangelos aufweist, sondern, schlimmer noch, nicht einmal eine Badeküste? Alles wahr. Einige Jahrzehnte hat Umbrien im Schatten der dreimal größeren, x-mal bekannteren Toskana gestanden; und hinzufügen sollte man: Diese Tatsache hat Umbrien mit Sicherheit gut getan.

In Umbriens »sonderbar verschlungenen Gebirgen« – so beobachtete Goethe auf der Durchreise – ist die grüne Natur auch heute noch nicht zersiedelt. Nur um Perugia und südlich davon in der Valle Umbra dominieren Industriegewerbe, Verkehrskreuze, Schnellstraßen. Statt Hektik zeigen Umbrer eher eine gelassene Heiterkeit, **serenità** genannt. In Umbriens alten Hügelstädten – wie große Skulpturen aus Gassenschluchten, Mauerbögen, schmalen Höfen und Palastkuben anzusehen – fallen Einsprengsel betonklobiger Neubauten darum so deutlich auf, weil sie zum Glück doch selten sind.

Mit Muße reisen!

Wie schnell hat man das Land auf der autobahnähnlichen Superstrada Cesena-Orte im Tibertal von Nord nach Süd durchquert! **Conoscere Umbria rapidamente**, wie man Umbrien schnellstmöglich kennen lernen kann, beschreibt ein italienischer Reiseführer. Umbrien aber braucht Zeit. Lassen Sie es deshalb langsam angehen!

Zwischen Adriaküste und Tyrrhenischem Meer, zwischen Florenz und Rom liegt die Region Umbrien, mitten in Italien. Der Tourismus hat sich dazu einen eingängigen Spruch einfallen lassen: »Italien hat ein grünes Herz – Umbrien«. Das trifft denn auch ziemlich gut den Punkt, auch darin, dass das Herz eines der kleineren Organe ist. Von Italiens gut 300 000 Quadratkilometern Fläche umfasst Umbrien nur 8500 und ist somit eine der kleinsten der 20 italienischen Regionen. Die beiden Provinzhauptorte Perugia und Terni zählen nur wenig über 100 000 Einwohner (Perugia mit Eingemeindungen rund 160 000), in der ganzen Region wohnen gut 800 000 Menschen. Wegen der »sonderbar verschlungenen Gebirge« und kurvenreichen Straßen braucht die Erkundung trotz geringer Entfernungen Zeit.

Kein Land für Superlative und Rekorde? Immerhin, dies sind ein paar umbrische Spitzenwerte: Der Lago Trasimeno ist der größte See der Apenninenhalbinsel (auf italienischem Staatsgebiet übertreffen ihn der Lago di Garda, der Lago Maggiore und der Lago di Como), mit den Cascate delle Marmore besitzt Umbrien Italiens größten Wasserfall und im Karst des Monte Cucco Italiens größtes Höhlensystem. Die Vermutung, dass es in keiner anderen Region so viele wundertätige Reliquien gibt, ist zwar unbewiesen, aber der Augenschein in Umbriens Kirchen spricht dafür.

Ein Land mit Heiligenschein

Noch ungleich zahlreicher als die **ossa**, die Reliquien, sind in Umbrien Madonnen- und Christusgemälde. Wer sie pflichtschuldigst nach ihren Baedeker-Sternen aufsucht und abhakt, mag sich von der Überfülle der frommen Bildtafeln sogar frustriert finden und nimmt ihren exzellenten Rang kaum mehr wahr, unterscheidet weder die malerische Handschrift eines Cimabue oder Giotto von den zarteren Tönen eines Benozzo Gozzoli, noch den umbrischen Hauptmeister Perugino von seinen Schülern Raffael und Pinturicchio.

Geht man unbefangener auf die realistisch oder symbolisch erzählenden Gemälde dieser meist toskanischen, seltener umbrischen Meister zu, macht man vielleicht eine andere Erfahrung. Eine starke Ruhe und innere Gewissheit kann von diesen biblischen Szenen ausgehen, die so oft vor Goldgrundhimmeln oder umbrischen Landschaften gemalt sind. Überträgt sich diese Kraft, so hilft sie jenen inneren Rhythmus zu finden, der dem Erlebnis Umbrien entspricht.

Heimat berühmter Ordensgründer

Kann es ein Zufall sein, dass zwei der großen Ordensgründer des Christentums aus Umbrien stammen? Aus Norcia, dem antiken Nursia, kam im 6. Jahrhundert der hl. Benedikt und gründete den ersten großen Mönchsorden der Christenheit. Mit seiner »Regula Benedicti« wurde er zum »Vater« des abendländischen Mönchstums.

Der hl. Franziskus von Assisi lebte und lehrte um 1200 die Nachfolge Jesu: ein spirituelles Leben in Armut und in Sorge um die Bedürftigen. Berühmt und häufig im Bild dargestellt sind seine Predigt an die Vögel und die Zähmung des Wolfes. Der einfache Lebensführung propagierende Umbrer wurde von der Papst-kirche nicht zum Ketzer erklärt und auf den Scheiterhaufen ge-schickt, sondern bereits kurz nach seinem Tod heilig gesprochen.

Beider Spuren – Benedikts und Franziskus' – werden noch heute in Umbrien verehrt. Bene-dikt verließ seine Heimat und gründete das Kloster **Monte Cas-sino**, wo er die benediktinische »Stabilitas loci« (Verbleiben im Heimatkloster) lebte.

Franziskus hat trotz mehrerer Missionsreisen den Großteil sei-nes Lebens in Umbrien verbracht. Hunderttausende steigen alljähr-lich zu seiner Kirche und seinem Grab in Assisi hinauf, um ihn zu ehren. Seine Gedanken zu einem behutsamen Umgang mit der Na-tur und zum Verzicht auf materiel-len Reichtum sind gerade in unse-ren Tagen von immer noch zuneh-mender Aktualität.

Ob schlicht oder nobel, mit his-torischem Ambiente, Reit-stall, Tennisplatz und Kaminfeuer, die meisten Adressen des Agritu-rismo liegen eingebettet in schö-ne umbrische Landschaft. Sie eig-nen sich als Erholungsorte wie als Standquartiere für all die Exkur-sionen, für die kein Umbrien-Urlaub lang genug ist.

Wer Natur liebt, wird wandern, wird im Herbst am Lago d'Alviano im Süden der Region das Vogelre-servat besuchen und bei Amelia die **Foresta Fossile**, den verstei-nerten Wald bei Dunarobba – dem wurde das lang geplante Fos-silien Museum erst jüngst beige-geben. Oder er entdeckt in den Monti Sibillini die Hochgebirgs-ebene **Piano Grande** und im Nor-den die unverbrauchte Landschaft des Oberen Tibertals, mit Dutzen-den von Wanderwegen. Oder man durchquert mit Freunden sogar

Neue Gastlichkeit: Agriturismo

In manchen Klöstern kann man als Tourist für einige Tage woh-nen – als **Case religiose di ospita-lità** stehen sie im Hotelverzeichnis – und je nach persönlicher Ein-stellung an den Gebeten teilneh-men oder nicht. Für viel mehr Gäs-te ist eine andere, neue Form um-brischer Gastlichkeit interessant: der **Agriturismo**, das Ferienquar-tier auf einem Bauernhof oder Landgut. Wer sich den 228-Sei-ten-Sonderprospekt *Agriturismo Umbria 2003* kommen lässt, nimmt sofort wahr: Das Angebot ist enorm gewachsen (→ S. 14).

🛈 MERIAN-Lesetipp

Der mehrfach preisgekrönte irische Autor **William Trevor** erzählt in seinem Roman **Mein Haus in Umbrien** die Geschich-te eines exzentrischen Paares, das sich in der umbrischen Landschaft niedergelassen hat. Nach einer bewegten Vergan-genheit lebt Emily Delahunty zusammen mit ihrem schrulli-gen Partner Quinty in einem Landhaus, in das sie während des Sommers Gäste aufneh-men, die in den überfüllten Ho-tels der Gegend nicht unter-kommen. Der Roman ist 1998 bei Fischer TB erschienen.

Oben: Bezaubernd wie ihr Land erscheint dieses junge Mädchen beim Calendimaggio, dem Früh- jahrsfest in Assisi (→ S. 107).

Mitte: Über der Valle Umbra erhebt sich die mittelalterliche Stadt Spello (→ S. 44).

Unten: Paläste, Zinnen, antike Mauern: Gubbio ist eine mittel- alterliche Stadt wie aus dem Bilderbuch (→ S. 46).

eine Woche lang auf dem Apennin-Höhenweg von Nord nach Süd ganz Umbrien.

Interessant kann auch ein Besuch bei den jungen Biologen in Perugia sein, die sich beim WWF (World Wide Fund for Nature) für die Naturparks Umbriens engagieren (Via XX Settembre 134; Tel. 07 55 05 81 56, Internet: www.wwf.it). Ihrer Ansicht nach fehlt es nicht an einem Regionalgesetz gegen die Singvogeljagd, sondern – trotz der Vogelpredigt des hl. Franziskus – an der Einsicht der Jäger. Das WWF-Team organisiert Öko-Unterricht in den Schulen.

Vom Erdbeben des Jahres 1997 wird in Umbrien nicht mehr viel geredet. Das Epizentrum des Bebens lag glücklicherweise in der Grenzregion zwischen Umbrien und den Marken, in einer wenig besiedelten Berglandschaft. Hunderte künstlerisch und historisch wichtiger Bauten mussten gesichert werden, das Restaurieren wird mancherorts noch Jahre in Anspruch nehmen. Vor allem im Altstadtkern der Apennin-Stadt Nocera Umbra östlich von Assisi. Der Dom ist geschlossen. Aber: »Unsere Kathedralen sind die Landschaft«, sagt Professore Franco Rambotti, der in Perugia Geographie lehrt. Von seinem Landgut Villa della Cupa bei Nocera aus führt er Touristen aus aller Welt ins Bergland der Schafweiden und Wälder, um »die Landschaft zu lesen«. Und er zeigt, wie die Erdbeben-Katastrophe erstens menschliche Mängel aufgedeckt

hat (z. B. den Verfall der historischen Bauten infolge von Abwanderung), zweitens aber im Wiederaufbau Kräfte der Erneuerung freisetzt.

»Mittelalterlich« werden Umbriens Städte gern genannt, ihr Zeithorizont ist viel größer. Zwischen den umbrisch-etruskischen Stadtmauern wie in Amelia, römischen Säulen wie denen des Minerva-Tempels in Assisi, wunderbaren romanischen und gotischen Domen, päpstlichen Festungen, Renaissancevillen und historischen Theatern ist Geschichte aller Zeiten noch Gegenwart.

Zum Jahrtausendwechsel hatte sich die »Regione dell'Umbria« angeschickt, ihr historisches Erbe und touristische Highlights ins Internet zu stellen, mehrsprachig und mit aktuellen Auskünften. Das »Portale Informatico dell'Umbria« kann man sich unter **www.umbria2000.it** nicht nur am heimischen Computer öffnen, sondern auch vor Ort in den Tourist-Informationszentren.

Heute feiern die Umbrer ihre Festspiele in den alten Mauern, mit Turnieren in den bunten Farben vergangener Zeiten, aber auch mit der Musik und dem Theater der Moderne. Sie lassen ihre Weine verkosten und servieren kulinarische Genüsse. Man lebt gut bei ihnen, im grünen Herzen Italiens.

Schon Goethe pries die vollkommene Schönheit des Minerva-Tempels in Assisi (→ S. 36).

Wohnen in Burgmauern ist typisch umbrisch. Wer auf Luxusherbergen aus ist, findet auch diese. »Agriturismo« heißt die neue Verlockung: Umbrien ländlich.

In Ospedalicchio, einer kleinen Ortschaft zwischen Perugia und Assisi, ist dieses einladende Hotelfoyer zu finden.

»Ferien auf dem Bauernhof« sind nicht ganz das Gleiche wie umbrischer **Agriturismo**. Das Fernsehgerät im Gastzimmer ist im umbrischen Landhaus selten, ebenso das Telefon, dafür sind die Möbel vielleicht antik. Normalerweise gibt es auf den Agriturismo-Höfen Zimmer mit Bad oder Dusche, und vielfältige Aktivitäten werden angeboten: Reiten und Bogenschießen, Leihräder für **Agriciclismo**, auch Tennisplatz und/oder Swimmingpool. Als weitere Offerten sind noch zu nennen: Trüffelsuche und Mitarbeit bei der Olivenernte. Viele Häuser sind sehr schön gelegen. Last but not least: Oft wird vorzügliche umbrische Küche serviert.

Die Agriturismo-Vermieter sind in rund einem halben Dutzend Vereinigungen organisiert – erkundigen Sie sich bei den Fremdenverkehrsämtern.

Neben Hotels, Agriturismo-Quartieren, Jugendherbergen und rund 40 Campingplätzen gibt es noch die so genannten **Residenze d'Epoca**: historische Schlösser, Klöster und Villen von hohem architektonischem Wert mit antiker Einrichtung.

Prospekte – auch deutsch

Die Region Umbrien, die EU-Kommission und der Touring Club Italiano geben jährlich das Heft *Alberghi/Hotels/Hôtels/Hoteles* in fünf Sprachen heraus. Es umfasst ein vollständiges Verzeichnis der anerkannten Hotels und anderer Unterkünfte – wie der »Residenze d'epoca« (so nennt man in Italien bestimmte historische Landsitze), die »Country Houses«, ehemalige Herrensitze, und die Zentren für Studienaufenthalte. Es lohnt, in alle Abteilungen hineinzuschauen. Außerdem gibt es noch das über 150 Seiten starke Campingplatz-Verzeichnis.

Ähnlich nützlich, mit vielen Adressen samt Erläuterung und Preisen, ist der fünfsprachige Spezialprospekt *Agriturismo* der Region Umbrien.

Auskunftsadressen der Region Umbrien: → S. 106. Außerdem: Agriturist Umbria, Via San Bartolomeo, 79, Ponte San Giovanni, Perugia, Tel. 07 55 99 72 89 und 07 55 99 92 80; Confederazione Italiana Agricoltori, Via Mario Angeloni, 1, Perugia, Tel. 07 55 00 29 53, Fax 07 55 00 29 56.

Für deutschsprachige Gäste: **Italien aktiv – Fahrrad-, Wander- und Gourmetreisen** zu Bauernhöfen, Villen, Klöstern und Schlössern, die vom Büro **Portasole** vermittelt werden, unter der Leitung von Frau Dr. Ellen Krauser (Via Prome, 5, I-06122 Perugia, Tel. 07 55 72 84 86, Fax 07 55 71 54 62).

Hotels: die Stern-Regeln

Seit 1993 hat die Region Umbrien ein Gesetz zur Klassifizierung der Hotels mit einem bis zu fünf Sternen und einer zusätzlichen Luxusklasse. Bestimmte Ausstattungen und Dienstleistungen sind für jede Klasse verbindlich, zum Beispiel Gepäcktransport und Zimmertelefon mit Direktwahl von drei Sternen an, ein Fahrstuhl und eine vom Gast regulierbare Heizung von vier Sternen an. Die Preise müssen ausgehängt und dürfen nicht überschritten werden. Die Hoteliers sind in ihrer Preisgestaltung jedoch nicht festgelegt. Ab der Mittleren Preisklasse ist Bezahlung mit Kreditkarten möglich.

Achtung: Die hier verwendeten Stern-Symbole beziehen sich auf die Preisklassen! Zu beachten: Viele Häuser bieten Zimmer sehr unterschiedlicher Preise, unsere Kategorien verstehen sich als Mittelwerte.

♿ Diese Unterkünfte haben behindertengerechte Zimmer.

🐕 In diesen Unterkünften sind Hunde erlaubt.

Alle in diesem Buch empfohlenen Unterkünfte auf einen Blick

Preisklassen

Die Preise gelten für eine Übernachtung im Doppelzimmer ohne Frühstück.
★★★★ ab 150 €
★★★ 100 bis 150 €
★★ 60 bis 100 €
★ bis 60 €

ⓘ MERIAN-Tipp

Hotel Il Castello Preisgünstiges Komfortquartier abseits der Hauptstraßen: Gast in einem ehemaligen Patrizierhaus ist man im Hügelort Montecastello di Vibio, mit großartigem Blick auf Todi und Tibertal. Gleich nebenan: das 1993 restaurierte Theater »Concordia« aus napoleonischer Zeit. Ca. 10 km nordwestlich von Todi; Hotel Il Castello, Piazza G. Marconi, 5; Tel. 07 58 78 05 60, Fax 07 58 78 06 76; www.hotel ilcastello.it; 20 Zimmer, Bankettsaal ★★ 🐾 ■ E 6, S. 119

Herzhafte Speisen, südlich-harmo-

nisch gewürzt – entdecken Sie die regionale Küche! Die umbrische Erde liefert frische Zutaten und berühmte Weine.

Orvieto: Bars und Restaurants sorgen für Unterhaltung am Abend – und danach bietet sich ein Bummel durch die malerischen Altstadtgassen an.

Die Umbrer selbst nennen ihre Küche »einfach«, gemeint ist: bodenständig. Die gehaltvollen Gerichte stammen aus den Küchen der körperlich schwer arbeitenden Bauern. Die Rezepte basieren naturgemäß auf den Zutaten, die das Land seinen Bewohnern liefert. Kenner der mittelitalienischen Küche werden immer wieder Ähnlichkeiten mit der toskanischen feststellen, doch Umbrien wartet mit unverwechselbar deftigen Varianten und Spezialitäten auf.

Schwelgen »al tartufo«

Mit den Jahreszeiten kommen und gehen nicht nur Obst und Gemüse, sondern auch die kulinarische Hauptspezialität Umbriens, die Trüffeln. Diese Schlauchpilze wachsen in den Wäldern unter der Erde und schmecken im Winter am besten, also leider nicht zur Urlaubssaison. Trotzdem lecken sich auch im Frühling und Sommer die Gäste alle zehn Finger nach getrüffelten Gerichten: Trüffeln in Pasteten, auf Nudeln, in Bratenfüllungen, über Rührei gehobelt. Bei Spoleto und Norcia gibt es schwarze Trüffeln, im oberen Tibertal weiße. In **Città di Castello** würdigen die Restaurants die neue Ernte mit einer »Woche der weißen Trüffeln«.

Trüffeln sind kostbar, sie werden von kundigen Sammlern aufgespürt, deren Hunde die Pilze unter der Erde wittern und finden. Es gibt Versuche, Trüffeln in Hallen zu züchten, doch renommierte Restaurants würden solche Produkte wohl nicht verwenden. Die Herkunft von Trüffeln in Gläsern und Dosen ist für den Käufer nicht festzustellen.

Eine andere Spezialität sind gebratene oder geschmorte Steinpilze, **porcini**. Nicht nur Vegetariern bieten sie eine Möglichkeit, den reichlichen Fleischtöpfen mit Genuss auszuweichen. Viele Gerichte werden **ai funghi porcini**, mit Steinpilzen, angeboten.

Einzigartig und typisch, als Beilage oder Vorspeise, sind drei Millimeter kleine, zart schmeckende Linsen, **lenticchie**, die in der Hochebene von Castelluccio und in anderen höher gelegenen Gebieten angebaut werden. Eine andere außergewöhnliche Beilage ist Dinkel, **farro**. Er wird statt Reis, der nicht in Umbrien wächst, serviert.

Natürlich gehört **pasta**, das Nudelgericht, auch in Umbrien als erster Gang zum Menü. In ländlichen Gasthöfen bekommt man sie noch **fatta in casa**, von der Hausfrau selbst hergestellt. So schmeckt sie um Klassen besser als Nudeln aus der Fabrik! In Terni brät man handgemachte Nudeln mit Knoblauch in heißem Olivenöl: **ciriole** – eine herzhafte Spezialität. Das kann man ebenso von den spoletinischen **strangozzi** und den **strozzapreti** sagen.

Olivenöl mit neuem Qualitätsprädikat

Olivenöl spielt eine wichtige Rolle in der umbrischen Küche. Ölbäume gab es hier schon in der Antike. Fast die gesamte Ernte wird zu Olivenöl Extra Vergine verarbeitet. Das beste Öl, aus erster, natürlich kalter Pressung, trägt das Qualitätssiegel **Olio Extravergine di Oliva Tipico Umbro CO.RE.OL.**, der Preis muss der Qualität entsprechen.

Noch recht neu ist in Umbrien das dem DOC-Prädikat der italienischen Weine entsprechende Qualitätsprädikat **Denominazione di Origine Protetta Umbria**. Zu diesem Olivenöl-Prädikat zählen die fünf »Hügel«-Zonen Colli di Assisi-Spoleto, Colli Martani, Colli Amerini, Colli del Trasimeno und Colli Orvietani.

Umbrien ist bekannt für gute Fleischqualität. Aus Norcia kommen Metzger, die wegen ihrer delikaten Würste und Schinken in ganz Italien berühmt sind, **norcineria** gilt geradezu als Synonym für Metzgerei. Das Fleisch stammt aus der einheimischen Viehhaltung. Besonders beliebt ist das am Spieß gebratene, zarte Spanferkel. Da nicht jede Hausfrau den Spieß drehen will, wird fertiger Spanferkelbraten nicht nur in den Metzgereien, sondern sogar von fliegenden Händlern verkauft – ein Tipp für Camper und Selbstversorger. Andere Fleischgerichte: Lamm, Kaninchen, Tauben, fein gewürzte Rouladen aus Rindfleisch, wenn man will, alles **al tartufo**.

Am Lago di Trasimeno schätzen Genießer Karpfen, Aal und Hecht, häufig in Form einer **tegamaccio** genannten Fischpfanne aus mehreren Fischsorten. Eine günstige Gelegenheit, guten umbrischen Weißwein so richtig zur Geltung kommen zu lassen.

Das süße Leben und feurige Weine

International bekannte Leckereien wie die **baci** stammen aus Perugia – das zeigt Vertrautheit im Umgang mit Desserts. Mandeln, Nüsse, Pinienkerne, Eier und kandierte Früchte sind meisterhaft verwendete Ingredienzen für Nachspeisen nach Art des Hauses.

DOC (Denominazione di Origine Controllata) bezeichnet eine Ursprungskontrolle des Weins, die Herkunft des Weins muss also den Angaben auf dem Etikett entsprechen. Indirekt ist das auch eine Qualitätszusage, denn die Winzer bürgen für den guten Ruf ihrer Kellerei. Das bedeutet aber nicht, dass Weine

ohne diese Bezeichnung immer schlechter sind, man kann bei »Außenseiter«-Kellereien durchaus sehr positive Entdeckungen machen.

Hervorragende Weine kommen aus den Gebieten von Orvieto, von Torgiano (südlich von Perugia), von den Colli del Trasimeno und aus dem Gebiet Bevagna/Montefalco. Das Qualitätsprädikat **DOCG** (e Garantita) dürfen der Sagrantino di Montefalco und der Torgiano Riserva führen. Der strohgelbe Weißwein Orvietos wird aus den Rebsorten Verdello, Grechetto, Drupeggio, Trebbiano Toscano und Malvasia Toscana hergestellt, in einer trockenen Version, die zu Fisch und Käse passt, und als süßer Dessertwein. Die Weine Orvietos reifen mindestens ein Jahr lang in den Felsenkellern der Stadt.

Vom Lago di Trasimeno stammen der weiße und der rote Trasimeno. Der weiße Trasimeno ist von heller Farbe und zart-trockenem Geschmack. Der rote Trasimeno wird aus den Sorten Sangiovese, Ciliegiolo und Gamay gekeltert, seine Farbe leuchtet rot, er ist trocken und angenehm. Spitzenrotweine stammen aus Torgiano (Rebsorten Sangiovese, Canaiolo, Trebbiano Toscano, Ciliegiol Montepulciano) und aus Montefalco (Rebsorten Sagrantino, Sangiovese und Trebbiano Toscano, neben anderen wie dem Merlot), sie sind trocken, feurig, kräftig und aromatisch.

Tipps für Weinproben und Restaurants

Wer neugierig ist auf neue Weinerfahrungen: Manche Kellereien in den Weinorten bieten Weinproben an, außerdem lohnt der Besuch der Enoteca Provinciale in Perugia (Via Rocchi, 16).

Die normalen Essenszeiten in Trattorien und Restaurants sind mittags 12 bis 14 Uhr, abends 19.30 bis 22 Uhr. Morgens gibt es den Espresso oder Cappuccino in der Bar und dazu ein Gebäck- oder Kuchenstückchen – ein ausgiebiges Frühstück ist nicht landesüblich (bessere Hotels bieten allerdings inzwischen große Buffets).

Zu den beiden Hauptmahlzeiten gehören mindestens zwei Gänge; der **primo piatto** besteht aus einem Nudelgericht oder einer Suppe, der **secondo piatto** aus Fleisch oder Fisch und – getrennt berechneten – **contorni**, Beilagen, wie Gemüse, Kartoffeln, Salat. Vor dem ersten Gang werden **antipasti** – Vorspeisen – angeboten, entweder warm, wie zum Beispiel kleine Krapfen, **bignè**, die mit Käse und Schinken gefüllt sind, in Umbrien auch **crostini**, geröstete Brotscheiben mit getrüffelter Leberfarce. Meist aber sind es kalte Delikatessen, marinierte Artischocken etwa.

Zum Abschluss verlocken die **dolci** – Mandel- und Pinienkerngebäck zum Beispiel –, Eis oder auch Käse. Umbrischer Käse ist delikat, den bekannten weichen **provola** gibt es in einer geräucherten, sehr pikanten Variante. Natürlich wird auch mit Trüffeln verfeinerter Käse angeboten.

Im Restaurant oder in der Taverne ist es üblich, mindestens den ersten und den zweiten Gang zu bestellen – wenn man nur sehr wenig isst, beleidigt man Kellner und Koch. Bei geringerem Appetit geht man am besten in ein Café, das kleine, manchmal auch warme Speisen anbietet, oder in eine **tavola calda** genannte Garküche, wo sich auch Italiener während ihrer Mittagspause verköstigen. In Restaurants wird das Gedeck, **coperto**, normalerweise extra berechnet.

Restaurants sind bei den einzelnen Orten im Kapitel »Sehenswerte Orte« beschrieben.

Die neue »Slow Food«-Welle

Neu in jüngster Zeit ist die »Slow Food«-Welle in Umbrien. Die traditionell gepflegte bodenständige Küche kommt da mehr noch als bisher zu ihrem Recht, und den Liebhabern umbrischer Gastronomie kann das nur recht sein. Produkte, die von den Speisekarten schon verschwunden waren, kann man wieder entdecken, wie die Mini-Bohnen, die **fagiolini risi**, die es in Perugia wieder zu kaufen gibt. Slow-Food-Aktivitäten trifft man um den Lago di Trasimeno, aber auch im Südosten Umbriens, zum Beispiel in dem Dorf Vallo di Nera an. Der Wirt des **Cacio Re** (»Käse-König«) führt seine Gäste in die Regeln der Trüffelsuche ein, bietet ihnen Kochkurse und lässt zum Abend die Gerichte mit verschiedenen Weinen verkosten. Schließlich wird im »Alterungs-Keller« vorgeführt, wie Käse, Wurst und Weine richtig lagern.

Anderswo lernt man in einem Landhaus den Teig für echt umbrische **Tagliatelle** zu bereiten. Oder ziehen Sie einen Stadtpalast vor? Ein junger Experte italienischer Nudelproduktion, Luigi Buitoni, und seine Frau Katarina öffnen ihr Haus im mittelalterlichen Städtchen Paciano zur Einführung in die hohe Schule der Pasta.

Als Spezialistinnen für Feinschmecker-, Wander- und Radlerferien haben sich eine deutsche Umbrien-Liebhaberin und ihre italienische Freundin mit dem Büro »Portasole« in Perugia profiliert (→ S. 14).

Preisklassen

Die Preise beziehen sich auf ein Menü mit drei Gängen, ohne Getränke.
★ ★ ★ ★ ab 40 €
★ ★ ★ ab 25 €
★ ★ ab 13 €
★ ab 8 €

Oben: Würzige Salami, delikater Schinken und herzhafter Käse – eine Gaumenfreude.

Mitte: Weit über die Grenzen Gubbios bekannt ist die Taverna del Lupo (→ S. 50).

Unten: »Al bar« genießt man Espresso, Cappuccino und die edlen Tropfen der Region.

ESSDOLMETSCHER

Wichtige Redewendungen
→ S. 115

A
abbacchio: Lamm
acciughe: Sardellen
aceto: Essig
aglio: Knoblauch
agnello: Lamm
agnolini: gefüllte Teigtaschen
amaro: Magenbitter
anatra: Ente
aragosta: Languste
aranciata: Orangenlimonade
arrosto: gebraten, Braten
arrosto di vitello al latte: mit Speck
  gespicktes Kalbsgericht

B
bagna càuda: Sauce aus Butter,
  Knoblauch, Öl, Gewürzen
bagosso: Käse aus Kuhmilch
biscotto: Keks
bistecca: Beefsteak, Schnitzel
bistecca milanese: Wiener Schnitzel
bocconcini: Gulasch
bollito: gekochtes Fleisch
bovoloni: Schnecken in Weißwein
bracciola: Kotelett, Rippenstück
brasato: gespickter Rinderbraten
bressaola: luftgetrocknetes Rind-
  oder Gemsenfleisch
bruschetta: mit Öl und Knoblauch
  geröstetes Brot
burro: Butter
busecca: Kuttelsuppe mit Suppen-
  grün oder Bohnen

C
canestrelli: Mandelkringel
cannelloni: Teigröllchen aus dem
  Ofen
capperi: Kapern
caprese: Mozzarella und Tomaten
capretto al barolo: Ziegenfleisch in
  Barolowein
carciofi: Artischocken
carne: Fleisch
cassola: Eintopf mit Wirsing
ceci: Kichererbsen

cervello: Hirn
cinghiale: Wildschwein
cipolle ripiene di magro: pikant
  gefüllte Zwiebeln
coniglio: Kaninchen
cotoletta alla milanese: paniertes
  Kalbsschnitzel
crostata: Obsttorte

D
dolce: süß, Süßspeise

E
erbe: Kräuter

F
fagiano: Fasan
fagiolini: grüne Bohnen
faraona: Perlhuhn
fegato: Leber
finocchio: Fenchel
formaggio: Käse
forno (al): im Ofen gebacken
fragola: Erdbeere
fritto: gebacken, frittiert
fritto misto: gebackene Fische
frutta: Obst
frutta di mare: Meeresfrüchte
funghi porcini: Steinpilze
fusilli: kleine Schraubennudeln

G
gambero: Krebs
ghiaccio: Eiswürfel
gnocchi: kleine Nockerl aus
  Kartoffelteig oder Grieß

I
insalata di tartufi: dünne Pilz- und
  Trüffelscheiben mit Zitrone
insalata mista: gemischter Salat
involtini: kleine Rouladen

L
latte: Milch
lattuga: Kopfsalat
lepre: Hase
linguine: schmale Nudeln
lombata: Lendensteak

M
maiale: Schwein
mandorla: Mandel
manzo: Rindfleisch
mela: Apfel
melanzane: Auberginen
miele: Honig
minestra: Suppe
minestrone: Gemüsesuppe
missoltini: Fischspezialität
  (Agoni-Fische) aus dem Comer See
monte bianco: Maroni-Rum-Püree
  mit Sahne
morbido: weich, mürbe
morseddu: Innereienragot

N
nasello: Seehecht
noce: Nuss

O
oca arrosto ripiena: gefüllte Gans
olive farcite: gefüllte Oliven
orecchiette: Öhrchennudeln
ossobuco: Kalbshaxe mit Gemüse
ostrica: Auster

P
paglia e fieno: Heu und Stroh, grüne
  und weiße Bandnudeln
pane: Brot
panino: Brötchen
panissa: typisches Reisgericht
panna: Sahne
parmigiano: Parmesankäse
patate: Kartoffeln
pernice: Rebhuhn
pesce: Fisch
pesce spada: Schwertfisch
pesto alla genovese: Basilikumsauce
piatto del giorno: Tagesgericht
piselli: Erbsen
polenta: Maisbrei
pollo: Hähnchen
– arrosto: Brathuhn
porchetta: Spanferkel
prosciutto Schinken

R
ragù: Ragout, Fleischsauce
ravioli: gefüllte Teigtaschen

riso: Reis
rognone: Nieren

S
sale: Salz
salmone: Lachs
salsa finanziera: Sauce mit Trüffel-
  essenz
saltimbocca: Kalbsmedaillons mit
  Salbei
scaloppine: Schnitzelchen
seppie: Tintenfische
sogliola: Seezunge
spezzatino: Gulasch
spiedo, spiedino: Spieß
spinaci: Spinat
spremuta: frisch gepresster Saft
stracciatella: Bouillon mit Ei, auch Eis
  mit Schokosplittern
stufato: Rinderschmorbraten mit
  Kräutern

T
tacchino: Truthahn
tajarin: Bandnudeln mit Trüffel
tapulone: Schmorgericht mit mehreren Fleischsorten
tartufo: Trüffel, Trüffeleis
tè al limone: Tee mit Zitrone
tè con latte: Tee mit Milch
testina die agnello al forno: über-
  backener Lammkopf
timballo: Nudelauflauf
tonnato: Kalbfleisch in Tunfisch-
  sauce
tonno: Tunfisch
tramezzino: Sandwich
trifolato: getrüffelt
trippa alla romana: Kutteln
tròta: Forelle

U
uovo: Ei
uovo stapazzato: Rührei
uva: Trauben

V
verdura: Gemüse
vino bianco: Weißwein
vino di casa: Hauswein
vino rosso: Rotwein

Buntes urbanes Leben und stundenweise Bergeinsamkeit, blühende Frühlingswiesen und reifende Rebhänge, Museen und Caféhäuser – was für ein Land, das Leben zu genießen!

Mittelalterlich anmutend wie so viele Ortschaften Umbriens: Baschi in der Nähe des Lago di Corbara (→ S. 64).

Seit Etruskerzeiten besiedelt,

liegen bei Amelia die Highlights von Südumbrien: die Cascate delle Marmore, der Lago di Piediluco und der »Versteinerte Wald«, die Foresta Fossile.

Amelia   ■ E 7, S. 119

11 000 Einwohner
Stadtplan → S. 27

Bis zu 8 m hoch türmten Etrusker und Umbrer die Quadern der Stadtmauer von Amelia, ohne Bindemittel. Seit dem 5. Jh. v. Chr. umschließen diese Zyklopenmauern sowie Befestigungen jüngeren Datums die zwischen den Tälern von Tiber und Nera auf einem Bergrücken erbaute Stadt. Im Centro storico ist sie eine der altertümlichsten Umbriens geblieben und bewahrt kaum bekannte Schätze wie das anno 1783 erbaute Teatro Sociale in der typischen Hufeisenform seines Zuschauerraums mit drei Rängen – ein jüngst restauriertes Juwel der italienischen Theaterarchitektur.

Amelia macht sich gern sogar noch älter, als es ist: Nach antiker Überlieferung wurde die Stadt schon 1134 v. Chr. von König Ameroe gegründet, fast vier Jahrhunderte vor der legendären Gründung Roms durch das Zwillingspaar Romulus und Remus.

Auch im nächsten Umkreis hat die landschaftlich reizvolle Region Amerino eine Fülle von interessanten Zielen zu bieten.

Hotels/andere Unterkünfte

Il Carleni M M
Komfortabler, ruhiger Aufenthalt in restauriertem Palazzo in der Altstadt, Garten mit Ausblick und gepflegtes Restaurant.

Via roscia, 1, 21; Tel. 07 44 98 39 25, Fax 07 44 97 81 43; www.ilcarleni.com; 4 Zimmer und 3 Suiten; Mitglied »Gli Alberghi del Cuore« (= Hotels des Herzens) ★ ★ ★ ♿

San Cristoforo M M ♟♿
nördlich ■ b 1
Auf seinem Gutshof mit Gebäuden des 17. Jh. züchtet Giulio Mancini Pferde. Einfache Zimmer, Swimmingpool, Ausritte: mit Giulio Mancini, Präsident der »Umbria in Campagna«-Agriturismo-Organisation, auch mehrtägig, Mountainbikes, Bogenschießen. Gute Agriturismo-Adresse. Etwa 6 km nördlich von Amelia.
Strada San Cristoforo, 16, 05022 Amelia; Tel. 07 44 98 82 49, Fax 07 44 98 84 59; E-Mail: consorzio@umbriaincampagna.com; 30 Zimmer und Apartments ★ und ★ ★

Scoglio dell'Aquilone M
westlich ■ a 1
Modernes Haus im Waldtal an der Straße nach Orvieto, etwa 1 km außerhalb. Schöner Ausblick.
Via Orvieto, 23; Tel. 07 44 98 24 45, Fax 07 44 98 30 25; 38 Zimmer; Restaurant Di geschl. ★ ★ und ★ ★ ★ ♿

Spaziergang

Durch die **Porta Romana** (um 1600 erneuert; in der zyklopischen Mauer) tritt man in die Altstadt ein, erreicht am Ende der langen Via Repubblica den **Arco Romano** und die Piazza Marconi mit Palastfassaden des 15. und 16. Jh., steigt rechts die Via Duomo zum **Dom** und dem Glockenturm, der **Torre Campanaria** (aus dem Jahr 1050), hinauf. Großartiger Ausblick! Der Abstieg durch die Via Geraldini führt zur Kirche **Sant' Agostino** und ihrer edlen 16-strahligen Fensterrose, mit einem Abstecher zur **Porta Posterola** (13. Jh.) und zu den Resten der uralten polygonalen etruskisch-umbrischen Mauern, den **Mure Poligonaldi**. Zurück und weiter zur Piazza Matteotti: Dort sind im Hof des **Municipio** antike und mittelalterliche Skulpturen, Sarkophage und Kapitele ausgestellt. Unter dem Platz ist eine römische **Zisterne** erhalten. Weiter südlich liegen das **Teatro Sociale** aus dem 18. Jh. und noch ein Rest Megalithmauer. Zurück über die Via Garibaldi.

Sehenswertes

Duomo   ■ b 1
Nach dem Brand des romanischen Doms entstand der barocke Bau um die Mitte des 17. Jh., die Fassade erst 1887. Das prächtige Deckengemälde zeigt – geografisch nicht ganz korrekt – die Stadt Amelia und das Meer. Der Küster kann die Seitenkapelle mit

den Krippen des Dottore Carlo Chiappafreddo aufschließen und mit allerlei Mechanik Abendrot, Nacht und Wasserrauschen zaubern. Eine Tafel erinnert an den in Auschwitz ermordeten, 1992 heilig gesprochenen Franziskanerpater Maximilian Kolbe und seinen Aufenthalt in Amelia.

Museen

Museo Archeologico e Pinacoteca Comunale   ■ c 2
Die Sammlung der Gemälde, Skulpturen und – vorwiegend römischer – Antiken ist derzeit provisorisch im Palazzo Petrignani an der Piazza Marconi untergebracht. Verlegung der Sammlung in den Palazzo Boccarini geplant. Mo–Fr 10.30–12 und 15.30–18.30 Uhr

Essen und Trinken

Locanda M M
Via Angeletti, 7; Tel. 07 44 97 80 79
★★
Bei Redaktionsschluss nicht in Betrieb. Empfohlen: Restaurant im Hotel »Carleni«!

Service

Auskunft

IAT di Amelia ■ c 2
Via Orvieto, 1 (bei der Porta Romana),
05022 Amelia; Tel. 07 44 98 14 53,
Fax 07 44 98 15 66; E-Mail: info@iat.
amelia.tr.it; Mo–Fr 8–14 und 16–19 Uhr
(im Winter nur am Vormittag), Sa 8–14 Uhr

Parken/Innenstadtverkehr
Die Einfahrt in die Altstadt ist vor-
mittags und nachmittags mehrere
Stunden gesperrt, nur geringe Park-
möglichkeiten in der Altstadt.

Ziele in der Umgebung

Alviano und Lago d'Alviano 👫 ■ E 7, S. 119

Über die alten Hügelstadt Alviano
thront die Rocca, eine Festung mit
Arkadenhof und einem **Museo della
Civiltà Contadina**, der ländlichen
Kultur (Mo–Sa 8–14 Uhr oder
Tel. 07 44 90 44 21).

Vor allem zur Energiegewinnung
wurde in der Niederung unterhalb
von Alviano der Tiber aufgestaut. Der
WWF (World Wide Fund for Nature)
setzte durch, dass um den flachen
Stausee ein Vogelparadies entstand,
die **Oasi di Lago Alviano** im rund
900 Hektar großen »Parco fluviale
del Tevere«. Zumindest in Mittelitalien in diesem Ausmaß einzigartig,
bieten die Beobachtungsstände, ein
Beobachtungsturm und Besucherwe-
ge vom Spätsommer bis zum Frühjahr Gelegenheit zu intensiver Wahr-
nehmung von Dutzenden von Vogel-
arten, die hier ihre Nistplätze haben
oder als Zugvögel Rast machen – wie
zum Beispiel Kormorane, Reiher und
Störche, dazu eine Vielzahl von En-
tenvögeln. An nicht zu heißen Tagen
kann man eine reizvolle Wanderung
hinauf nach Alviano anschließen.

Anfahrt: von der Straße östlich
des Tibers bei Madonna del Porto
der Ausschilderung folgen.
Ca. 20 km nordwestlich von Amelia;
Mitte Sept.–Mitte Mai Sa und So 10–13
und 14–16.30 Uhr

Hotels/andere Unterkünfte

Sporting Village
Freundliche Atmosphäre, mit Restau-
rant, Bar, Fitnesscenter und Swim-
mingpool. Behindertengerecht, auch
Suiten.
Voc. Giardino, 28; Tel. 07 44 90 46 21,
Fax 07 44 90 45 15 ★ bis ★ ★ ♿

Service

Auskunft

Oasi WWF di Alviano
Loc. Madonna di Porto, 05025 Guardea, TR;
Tel. 07 44 90 37 15; Sept.–April Sa und So
10–12.30 und 14–17 Uhr
oder nachfragen bei
Gianni Cardinali
Tel. 0 76 34 06 95; mobil: 3 35-5 27 61 39

Avigliano/Foresta Fossile di Dunarobba 👫 ■ F 6, S. 119

Es ist ein Erlebnis, meterlange Stämme aus 1,5 Mio. Jahre altem Holz zu
sehen, die kerbig-genarbte Ober-
fläche, die rötlichen, gelblichen, brau-
nen Farben der Versteinerungen. Die
Reste eines uralten Waldes blieben
im Lehmboden unter Luftabschluss
erhalten, Arbeiter einer Ziegelbren-
nerei brachten sie zu Tage. Ein Doku-
mentationszentrum veranstaltet im
Sommer Führungen.

*Wasserfall nach Stundenplan: die
Cascate delle Marmore (→ S. 30).*

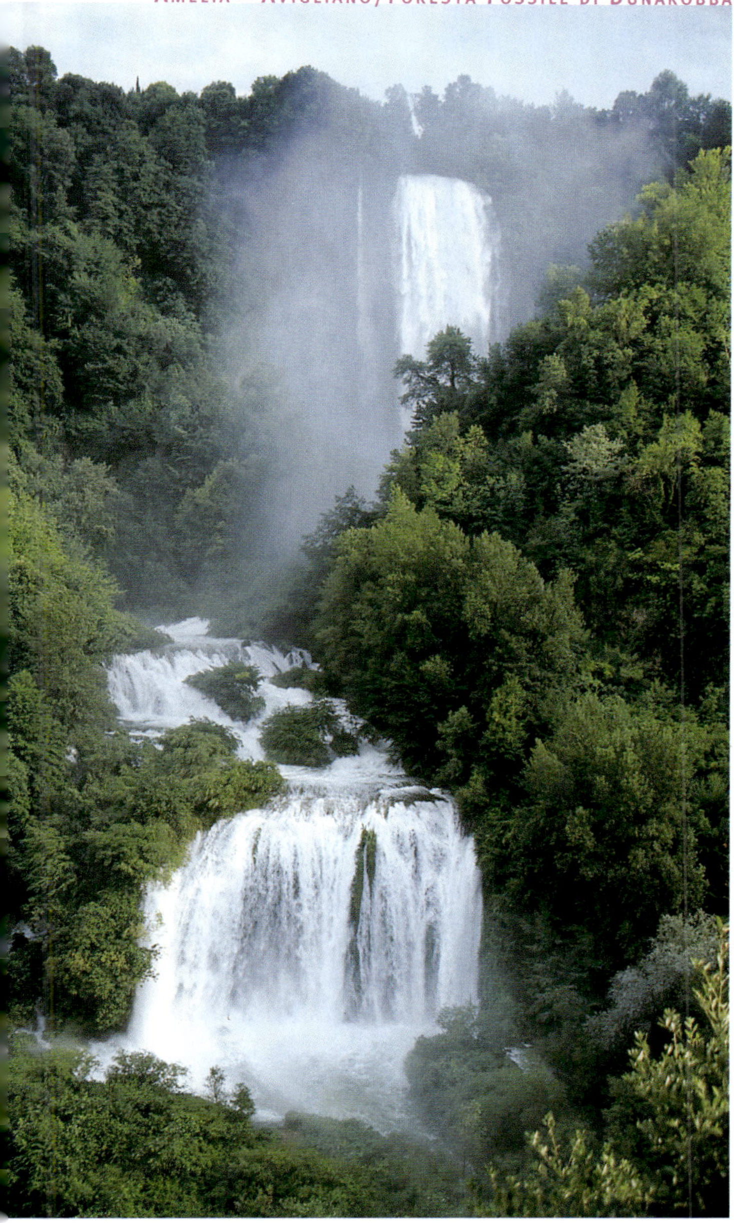

Ca. 12 km nördlich von Amelia; Anfang April–Ende Juni So 9.30–11.30 und 15–17 Uhr; Juli – Sept. Sa 15 – 17, So 9.30–11.30 und 15–17 Uhr; Okt. So 9.30–11.30 und 14.30–16.30 Uhr

Carsulae 🎎   ■ F 7, S. 119

Nachdem die römischen Straßen-ingenieure des 3. Jh. v. Chr. einen neuen Straßenzweig der Via Flaminia über Spoleto angelegt hatten, wurde Carsulae von seinen Bewohnern auf-gegeben und verfiel zusehends. Zwar entstand im 11. Jh. noch das Kloster Santi Cosma e Damiano, aber auch dieses verfiel, bis auf die Kirche. Buschwerk überwuchs die Ruinen, Schafe weideten zwischen Grabstei-nen. So kann man heute in Carsulae spazieren gehen und authentisch die Struktur einer kleinen Stadt der römischen Kaiserzeit kennen lernen: mit Forum, Tempeln, Amphitheater, Stadttoren und der abseits gelegenen großen Nekropole. Noch neu ist das Centro Visita e Documentazione in der ehemaligen Kirche, mit ständiger Ausstellung von Fundstücken (Di–Fr 10–13 und 16–19, Sa/So 9–13 und 15–20 Uhr, winters kürzer).
Ca. 25 km von Amelia, über den Thermal-badeort San Gemini Fonte zu erreichen. Der Besuch der Carsulae-Ruinen ist gut mit einem Besuch von Portaria und/oder einer Wanderung zum Kloster L'Eremità (→ S. 32) zu verbinden.

Cascate delle Marmore 🎎   ■ B 11, S. 120

Wieder waren schon die Römer am Werk: Sie leiteten den Velino im Rah-men eines Entwässerungsprojekts im Jahre 271 v. Chr. in einen Kanal um und ließen die Wassermassen aus 165 m Höhe ins Neratal stürzen. 1924 verschwand der Wasserfall in Rohren und wird seither zur Elektrizi-tätserzeugung genutzt. Aber nicht immer: Zum Wohle des Tourismus

wird der Velino zeitweise nach aus-getüfteltem Stundenplan freigelas-sen, dann brausen die Fluten den grü-nen Berghang hinab. Das arrangierte Naturschauspiel kann von der Höhe (Ausschilderung Marmore: »Belvede-re Cascata«) wie vom Tal aus (Straße N 209 zwischen Terni und Arrone) bestaunt werden. Manche nennen ihn den schönsten Wasserfall Europas.
Ca. 30 km von Amelia; geöffnet ganzjährig, mit nahezu monatlich wechselnden Zei-ten: Nov. bis Mitte März nur an Sonn- und Feiertagen 15–16 Uhr; im Sommer bis zu dreimal tgl. jeweils eine Stunde. Auskunft: Belvedere inferiore; Tel. 0 74 46 29 82

Lugnano in Teverina
■ E 7, S. 119

In dem Städtchen blieb aus romani-scher Zeit (um 1150) einer der har-monischsten Kirchenbauten erhal-ten, **Santa Maria Assunta** mit Cam-panile, schönem Rosettenfenster und einer Vorhalle mit sechs Säulen, die Mitte des 13. Jh. entstand. Am Dach-first eine seltene Adlerskulptur, an den Säulen meisterliche Kapitelle.

Monti Amerini   ■ E 6, S. 119

Gut wandern kann man im Dreieck Amelia, Lago d'Alviano und Lago di Corbara. Steineichen- und Walnuss-wälder spenden Schatten beim An-stieg auf die Höhen (bis zu 800 m). Dank der Comunità Montana dell' Amerino und der Europäischen Union entsteht auch ein Netz von bezeich-neten Wegen, samt Plätzen für Pick-nicks und für Camper. Dörfer und Ta-vernen sind in den Monti Amerini rar. Erreicht man in einem hoch gelege-nen Waldtal ein ummauertes Berg-dorf wie Santa Restituta, flankieren die aus Bruchsteinen erbauten Häuser nur eine einzige steile Dorfstraße: eine umbrische Treppe, 130 Stufen führen zur Kirche hinauf.
Auskunft: A.P.T. dell' Amerino, Amelia

Narni

■ F 7, S. 119

20 600 Einwohner

Über der Talschlucht des Flusses Nera und der Ebene von Terni an der alten Via Flaminia hatte Narni lange eine strategisch wichtige Position, wurde umkämpft und zuletzt noch 1527 von den Landsknechten Kaiser Karls V. geplündert, die gerade erst beim »Sacco di Roma« gewütet hatten. Bei der Auffahrt zur Oberstadt sieht man von der Nera-Brücke links zum letzten dekorativen Bogen des **Ponte d'Augusto**. Mit etwas Glück findet sich nach der Stadteinfahrt an der Piazza Garibaldi oder noch weiter droben an der Via Mazzini ein Parkplatz – und schon steht man inmitten von Mittelalter und Renaissance, am eindrucksvollsten an der Piazza dei Priori, dem einstigen römischen Forum, zu der sich die Stadtachse Via Mazzini (Corso) weitet.

Dort sind im Arkadenhof des **Palazzo del Podestà** (aus drei Turmhäusern entstanden, heute Rathaus) mittelalterliche Skulpturen ausgestellt. In der Sala del Consiglio im ersten Stock befindet sich eine wunderbar gemalte Marienkrönung Domenico Ghirlandaios sowie andere Meisterwerke, gleich neben Amtsräumen voller Aktenstapel (Mo–Fr 8–14 und 15–18 Uhr). Gegenüber öffnet sich unter Rundbögen die Versammlungshalle des **Palazzo dei Priori**, man erkennt die Kanzel, von der aus die Oberen zum Stadtvolk sprachen, daneben die **Markthalle** – Infrastruktur des Mittelalters, noch heute genutzt.

Narni ist reich an Kirchen. Vor allem in den Dom **San Giovenale** lohnt es sich einzutreten. Dort ist die frühchristlicher Zeit für den ersten Bischof und Stadtpatron St. Juvenal (gestorben 376) errichtete Kapelle erhalten, mit einem Mosaik des 9. Jh. und späteren Ergänzungen (oberhalb der Piazza Garibaldi, 7.30–12 und

16–21 Uhr). An der Piazza Garibaldi gibt es Caféhäuser, einen Brunnen und eine mittelalterliche Zisterne. Von hier aus kommt man über die Via del Monte auch zur **Rocca** (Burg) des 14. Jh., in die Narnis Gemäldegalerie nächstens einziehen soll.
Ca. 10 km östlich von Amelia

Hotels/andere Unterkünfte

Dei Priori M
In historischem Ambiente an der Piazza dei Priori mit Ristorante **La Loggia**.
Vicolo del Comune, 4; Tel. 0744 72 68 43, Fax 0744 72 68 44; 14 Zimmer
★★ und ★★★★ 🐎

Piediluco und Lago di Piediluco

■ B 11, S. 120

In grüne Gebirgs- und Hügelhänge eingebettet, glänzt der Silberspiegel des Lago di Piediluco romantisch und verlockend. Auch eine Burgruine auf dem Monte Luco fehlt nicht, und der kleine Ort an seinem Fuß (daher der Name) betreibt den Tourismus wie in früheren Zeiten, ganz ohne aufwendige Ferienzentren und Betonburgen. Unzugänglich steile oder verschilfte Ufer, Zuflüsse kalter Gebirgsbäche und die abgegrenzten Übungszonen des italienischen Ruderverbands engen allerdings den Badespaß erheblich ein. Die Berggipfel reichen bis 1100 m hinauf.
Ca. 35 km von Amelia

Hotels/andere Unterkünfte

La Ciriola 👭
Für längeren Aufenthalt in dieser paradiesischen Landschaft Südumbriens ideal, ein hoch über dem See von Wald- und Felderlandschaft umgebenes Albergo des Agriturismo, mit Reitmöglichkeit.
Voc. Valle Spoletina, 05038 Piediluco [TR]; Tel. 07 44 36 81 79; 3 Zimmer ★★★

Portaria/L'Eremità 👫
■ A 10, S. 120

Das mittelalterlich geprägte Ortsbild von Portaria mit seiner pittoresken Turmsilhouette kommt nach einem kurzen Spazierweg von den Carsulae-Ruinen in den Blick.

Portaria ist ein guter Ausgangspunkt für eine Wanderung zu dem hoch über Carsulae gelegenen Kloster L'Eremità (auch Romita genannt), dessen mönchische Tradition wohl bis ins 7. Jh. zurückreicht. In den neunziger Jahre wurden die verfallenden Klosterbauten mit neuem Leben erfüllt: Der Franziskaner Bernardino Greco motivierte junge Leute aus verschiedenen Ländern zur Hilfe beim Wiederaufbau, um an diesem extrem schönen Ort eine Stätte spiritueller und ökumenischer Begegnungen zu schaffen. Gäste an diesem idyllischen Ort sollten sich mit einer Spende bedanken (Tel. 07 44 28 30 06, Pater Greco spricht gut Deutsch). Entlang an bemoosten alten Mauern führt ein Weg talwärts hinab nach Carsulae (→ S. 30).

Terni
■ B 11, S. 120

110 000 Einwohner

Die moderne Provinzhauptstadt, nach schweren Zerstörungen durch amerikanische Luftangriffe wieder aufgebaut, hat nun auch die Straßenzeilen seiner Altstadt aufgeputzt. Zwischen der **Piazza San Francesco** – mit der Kirche des Heiligen und darin der Cappella Paradisi, von Bartolomeo di Tommaso im 15. Jh. mit Fresken zu Dantes »Göttlicher Komödie« ausgemalt – und dem römischen **Amphitheater** rotierten an jeder Ecke Zementmischer. Renaissancepaläste gewannen neuen Glanz, Boutiquen und Cafés machten auf. Wer sich für alte Kunst interessiert, besucht noch den barocken Dom **Santa Maria Assunta** mit seiner romanischen Krypta und die **Pinacoteca Comunale** im Palazzo Fabrizzi (Via Fratini, 55, Di–So 10–13 und 16–19 Uhr). Der monumentale **Palazzo Spada** an der Piazza Europa, letztes Werk des berühmten Antonio da Sangallo d. J., ist nur von außen zu bewundern, da heute von der Stadtverwaltung belegt. Auf der anderen Seite der Piazza Europa kommt man zu **San Salvatore**, einer winzigen romanischen Rundkirche mit ungeklärter Baugeschichte. Eine Bronzetafel erinnert an den Langobarden-König Liutprand: Anno 742 schloss er in Terni einen Frieden mit dem Papst, »fasziniert von der Herrscherin Rom«. Das letzte Jahrhundert Ternis war von der Schwerindustrie geprägt, hier entstand 1884 das erste Stahlwerk Italiens, Mussolini sah in Terni seine »Waffenschmiede«. In den neunziger Jahren wurden die Stahlwerke geschlossen.
Ca. 25 km von Amelia

Hotels/andere Unterkünfte

Locanda di Colle dell'Òro 🅼 👫
Ein Wohlfühl-Quartier abseits aller Verkehrshektik: ein Familiensitz des 19. Jh. wurde restauriert und erweitert (behindertengerecht). Restaurant, Garten und Swimmingpool fehlen nicht, der Ausblick ins Tal ist grandios.
Strada di Palmetta, 31, 05100 Terni;
Tel. 0 74 43 23 79, Fax 07 44 43 78 26;
10 Zimmer, 1 Suite ★★ bis ★★★ ♿

Service

Auskunft

IAT di Terni
(auch für die Orte Acquasparta, Arrone, Calvi dell'Umbria, Ferentillo, Montefranco, Narni, Otricoli, Polino, Sangemini, Stroncone)
Viale Cesare Battisti, 7 a, 05100 Terni;
Tel. 07 44 42 30 47, Fax 07 44 42 72 59;
E-mail: Info@iat.terni.it

Die Stadt des hl. Franziskus

ist für viele Christen das wahre Zentrum Umbriens, für manche ist Assisi noch wichtiger als Rom. Überraschungen bietet Assisis Untergrund.

Assisi

■ E 4, S. 117

23 000 Einwohner
Stadtplan → S. 37

Abertausende drängen zu **San Francesco**, zu der Doppelkirche, die wie ein hoher Bug an der Westspitze des lang gestreckten Stadtkörpers steht. Die Umbrer nennen ihr Land gern das grüne Herz Italiens, Kirche und Kloster von San Francesco aber sind das Herz Umbriens. Trotzdem sollte man nicht vergessen: Assisi ist nicht nur die Stadt der Franziskaner, es wurde im frühen 13. Jh. auch zum Geburtsort eines Frauenordens. An der Ostgrenze der Altstadt steht die Kirche der heiligen Klara. Inspiriert von Franziskus, sammelte sie die Klarissen (oder Klarissinnen) um sich.

An manchem Tag zählt die Stadt (Centro Storico: 5000 Einwohner) über 10 000 Besucher, jährlich über eine Million Gästeübernachtungen. Höhepunkte sind nicht nur die Oster-, sondern auch die Weihnachtstage. Neuerdings gewinnt Assisi auch als Kongressstadt an Attraktivität. Eine weitere Initiative gilt einem Museums- und Gästecenter, das in dem jüngst renovierten **Palazzo Vallemani** entstehen soll.

Die früheste Überlieferung des Namens Assisi stammt von einem Zeitgenossen des Kaisers Augustus, dem römischen Dichter Properz. Reste seines Wohnhauses wurden unterhalb der Kirche **Santa Maria Maggiore** freigelegt. Auch das römische Amphitheater und Reste der

Stadtmauer wurden im Mittelalter überbaut, das Forum befand sich auf dem heutigen Domplatz.

Älter noch sind die umbrischen Gräber auf dem Burgberg der **Rocca Maggiore**. Später kamen Goten, Langobarden und die Staufer; das staufische Assisi stand in Konflikt mit dem welfisch orientierten Perugia. Zu den Bürgern Assisis, die 1198 die Rocca Maggiore, den Sitz des staufischen Statthalters, stürmten, gehörte auch der sechzehnjährige Franziskus, Sohn des reichen Tuchhändlers Pietro di Bordone aus Lucca. 100 Jahre später schrieb Dante in der »Göttlichen Komödie« über ihn den Vers: »Dort, wo sich des Abhangs Steile bricht, wurde der Welt eine Sonne geboren.«

Auf den Spuren des Heiligen, der seit 1926 – das war das siebenhundertste Todesjahr – auch als Patron Italiens verehrt wird, kann man in und um Assisi Spaziergänge und Wanderungen machen, nach **San Damiano**, nach **Rivotorto** und nach **Madonna delle Grazie**.

Hotels/andere Unterkünfte

Assisi bietet die größte Auswahl an Unterkünften in Umbrien. Darunter auch viele Privatzimmer, Wochenpreis DZ mit Dusche ca. 155–260 €; Spezialprospekt *Esercizi Extralberghieri* bei der IAT, Piazza del Comune → S. 40) anfordern!

Hotel Fontebella   ■ c 2
Ein Haus des 17. Jh. mit Kaminen und historischen Möbeln, Garten und

Ausblick – für Gäste, die Komfort und zentrale Stadtlage schätzen (behindertengerecht).
Via Fontebella, 25; Tel. 0 75 81 28 83, Fax 0 75 81 29 41; 43 Zimmer
★★ bis ★★★★ 🦽 🐾

Ideale per Turisti M ■ e 2
Prächtiges Panorama, schöner Garten. Zimmer zur Straße meiden!
Piazza Matteotti, 1; Tel. 0 75 81 35 70, Fax 0 75 81 30 20; 11 Zimmer ★ 🐾

Monastero Santa Coletta 👫 ■ c 3
Eine »Casa religiosa di ospitalità« mit großem Garten und freundlichen Nonnen, Zimmer und Frühstück einfach, Duschen teils auf dem Gang.
Borgo San Pietro, 3; Tel. 0 75 81 23 45, Fax 0 75 81 64 89; 29 Zimmer ★

Umbra M M ■ d 2
Bei der Piazza del Comune, gegenüber dem Foro Romano, gelegen.
Via degli Archi, 6; Tel. 0 75 81 22 40, Fax 0 75 8136 53; 25 Zimmer ★★

Windsor Savoia M M ■ b 2
Komfortable Traditionsadresse (seit 1908), prächtiger Ausblick.
Viale Marconi, 1; Tel. 0 75 81 22 10, Fax 0 75 81 36 59; 34 Zimmer
★★ und ★★★ 🦽 🐾

Ostello della Pace südlich ■ c 3
Jugendherberge im Grünen, bei San Damiano gelegen.
Via Valecchi; Tel. und Fax 0 75 81 67 67

Spaziergang

Vom Parkplatz vor der Porta San Pietro unterhalb der Basilika steigt man durch die **Porta San Francesco** zur Unter- und Oberkirche **San Francesco** auf und ist schon am Ziel aller Assisi-Pilger. Ins Stadtzentrum führt

Die Porziuncola-Kapelle wurde mit der Kirche Santa Maria degli Angeli überbaut (→ S. 39).

die Via San Francesco mit Patrizierhäusern und dem **Monte Frumentario** (Getreidelager), einer Säulenhalle des 13. Jh. Um die Piazza del Comune liegen Paläste, Museen und der ehemalige römische Tempel. Östlich bergan weiter hinauf zum Dom **San Rufino** und, wenn man mag, von dort nördlich noch höher zur **Rocca Maggiore**! Leichter ist der Weg durch stimmungsvolle Altstadtgassen zur Kirche **Santa Chiara**. Wieder westlich kommt man zur Piazzetta di San Francesco Piccolino und dort zur **Casa Paterna di San Francesco,** zum Elternhaus des Ordensgründers respektive dessen mit der Chiesa Nuova im Jahr 1615 überbauten Resten (tgl. 6.30–12.30 und 14.30–19 Uhr). Der Rückweg kann über die Piazza del Vescovado (Bischofsplatz) und über den Borgo San Pietro führen.

Sehenswertes

Duomo San Rufino ■ e 2
Etwas abseits und oberhalb vom täglichen Getriebe ragt die schön gegliederte Fassade aus dem 12. Jh. mit ihren elegant filigranen Fensterrosen und den Reliefs von Wappentieren auf. Baumeister dieses Meisterwerks umbrischer Romanik war zu Beginn der Arbeiten (1134) Giovanni da Gubbio, geweiht wurde der Dom erst 1228; der Campanile blieb von der Vorgängerkirche. Eine erste Kirche wurde im 9. Jh. erbaut; schon im 5. Jh. sollen an gleicher Stelle die Reliquien des Ortsheiligen San Rufino bestattet worden sein, in einem römischen Marmorsarkophag, dessen Reliefs Diana beim Besuch des schlafenden Endymion zeigen (heute in der Krypta). Der hl. Rufino war ein Bischof in der kleinasiatischen Stadt Amasin, floh nach Italien, gründete in Assisi eine Kirche und erlitt 235 n. Chr. das Martyrium – er wurde ertränkt.

Im weiten dreischiffigen Innenraum herrscht kühler Renaissancestil vor (Umbau 1571 von Galeazzo Alessi). Älter ist das Taufbecken, in dem der hl. Franziskus, die hl. Klara und Kaiser Friedrich II. getauft wurden. Die schöne Terracotta-Figur der Pietà, an der sich 1494 ein Tränenwunder ereignete und die deshalb »Madonna del pianto« genannt wird, wurde 1982 geraubt. Sie ist durch eine Holzkopie ersetzt.
Piazza San Rufino; tgl. 8–13 und 14–18 oder 19 Uhr

Minerva-Tempel   ■ d 2
An den wohlerhaltenen Säulen konnte sich schon Goethe »nicht satt sehen«, der 1786 auf seiner ersten italienischen Reise Assisi besuchte. In spätrepublikanischer oder früher augusteischer Zeit erbaut, war der Tempel wohl nicht der Minerva, sondern dem Herkules geweiht; im Innern ist er seit dem 16. Jh. zur Kirche **Santa Maria Sopra Minerva** umgewandelt, die barocke Ausstattung wurde jüngst renoviert.
Piazza del Comune; Mo–Sa 7.15–12 und 14–19 Uhr, So ab 8.30 Uhr

San Damiano   südlich ■ f 3
Inmitten von Ölbäumen und Zypressen liegt 300 m unterhalb der Stadt das Kloster, in dem der hl. Franziskus seinen »Sonnengesang« dichtete und in dem von 1225 bis zu ihrem Tod 1253 auch die hl. Klara mit ihren Gefährtinnen lebte. Kirche, Klostergarten und Räume des Konvents stehen Besuchern offen. In Assisi ist dies einer der schönsten Orte, die franziskanischen Geist atmen. Auch ein Fußweg führt zur Stadt hinauf (teilweise Autostraße).
Tgl. 10–12 und 14–18 Uhr

San Francesco   ■ a 2
Für einen Orden der Armut und Bedürfnislosigkeit werden zwei Kirchen voll Gold- und Bilderprunk

erbaut: Das ist das Paradoxe des franziskanischen Zentrums von Assisi. So klug war die Papstdiplomatie des 13. Jh., dass sie es trotz aller inneren Gegensätze vorzog, den rasch wachsenden Franziskanerorden unter ihren Schutz zu stellen, statt sich von ihm zu distanzieren. Franziskus wurde heilig gesprochen, unmittelbar danach mit dem Kirchenbau begonnen. Papst Gregor IX. ließ als Unterbau für Kirche und Kloster so riesige Arkaden errichten, dass die lange Zeile dieser Bogen bis heute schon von weither das Erkennungszeichen der Stadt ist, mitsamt dem Campanile über den beiden Kirchen.

Warum zwei Kirchen? Verschiedene Bauten für verschiedene Funktionen: Die **Unterkirche** ist Grabstätte und Pilgerkirche, die **Oberkirche**, die Konventskirche, dient Gottesdiensten und Messen für die Bürger Assisis. Wie unter nachtblauen Zeltdächern steht man unter den Wölbungen der Unterkirche. Ganz von Licht ist die – wie oft behauptet wird, nach dem Vorbild der gotischen Sainte Chapelle von Paris erbaute – Oberkirche erfüllt.

Beide Kirchen gleichen aufgeschlagenen Bilderbüchern, die das Leben und die Legenden des Heiligen erzählen, mit vielen Bezügen zur Madonna. Der Reichtum an Fresken hoher und höchster Qualität ist so groß, dass er bei einem Besuch unmöglich zu erfassen ist.

Dem Gläubigen, der durch das romanische Portal in die Unterkirche eintritt, verheißt eine Inschrift »vollkommenen Ablass (für alle Sünden) an diesem Tag und für immer«. Die Nachfolge Christi, der Kern der franziskanischen Botschaft, wird vom Programm der Fresken im Langhaus demonstriert: Es zeigt linker Hand Szenen aus dem Leben des hl. Franziskus, rechts die Leidensgeschichte Jesu, gemalt um 1260 vom so genannten Franziskusmeister. Trotz

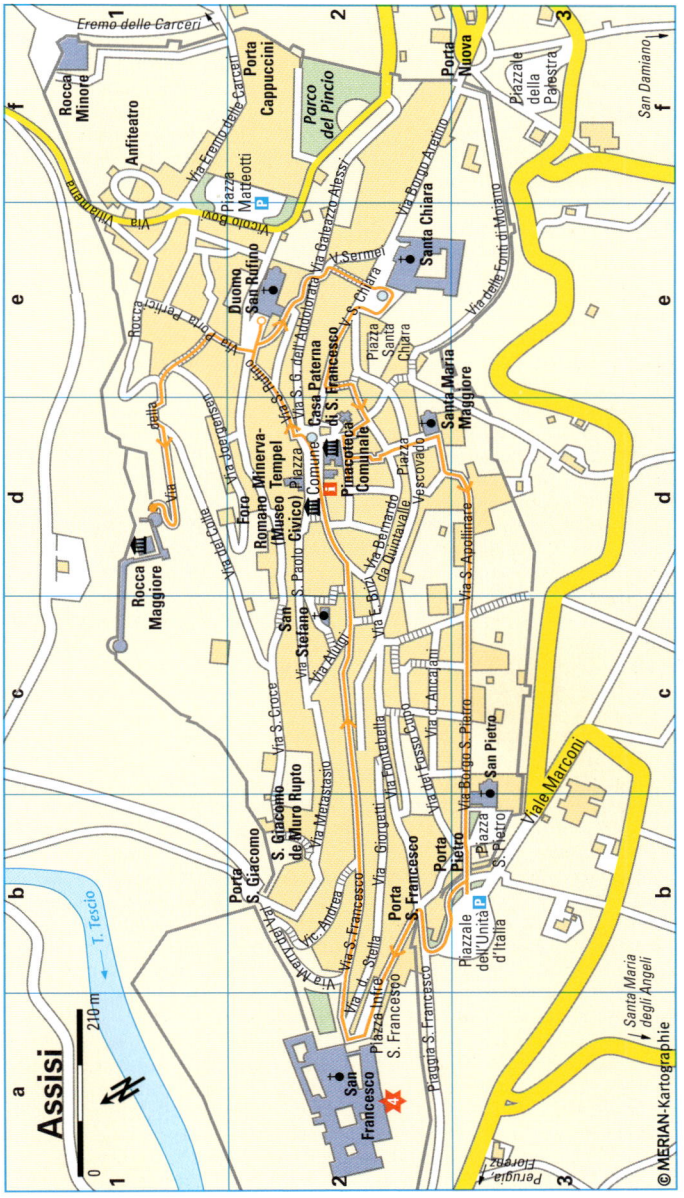

Assisi

Eremo delle Carceri

Rocca Minore

Porta Cappuccini

Anfiteatro

Parco del Pincio

Porta Nuova

Piazzale della Palestra

San Damiano

Via Villamena

Via Eremo delle Carceri

Piazza Matteotti

Vicolo Bovi

Via Galeazzo Alessi

Duomo San Rufino

V. Sermei

Santa Chiara

Via Borgo Aretino

Via delle Fonti di Moiano

Rocca

Via Porta Perlici

Via S. Rufino

Via S.G. dell'Addolorata

Piazza Santa Chiara

V.S. Chiara

Casa Paterna

Foro Romano (Museo Tempel Civico) Piazza

Minerva-

Pinacoteca di S. Francesco

Comune

Santa Maria Maggiore

Via della

Via del Torrione

Via S. Paolo

Via S. Francesco

Piazza del Comune

Piazza Vescovado

Via S. Apollinare

Rocca Maggiore

San Stefano

Via Eolo

Via E. Brizi

Via F. da Quintavalle

Via S. Bernardo

Via Metastasio

Via del Colle

S. Giacomo de Muro Rupto

Via S. Croce

Via Aluigi

Via C. Antichità

Via del Fosso Cupo

San Pietro

Viale Marconi

Porta S. Giacomo

Via Andrea

Via S. Francesco

Via Giontanelli

Via Pintabella

Via Borgo S. Pietro

Piazza S. Pietro

Porta Pietro

Porta S. Francesco

Via A. Fortini

Piazzale dell'Unità d'Italia

Santa Maria degli Angeli

San Francesco

Piazza Inf. S. Stella

Piazza S. Francesco

Braggia S. Francesco

Perugia Firenze

Santa Maria degli Angeli

210 m

N

0

T. Tescio

© MERIAN-Kartographie

schwerer Schäden behauptet sich die expressive Kraft dieser Malerei. In der Vierung vor dem Altar sind die franziskanischen Tugenden Gehorsam, Armut und Keuschheit und der thronende Heilige dargestellt.

Im linken Querarm der Unterkirche sieht man neben einem temperamentvoll-feurigen Johannes einen demütig-einfachen Franziskus, gemalt von Pietro Lorenzetti. Im rechten Querarm hat Cimabue um 1280 die »Madonna mit Kind, vier Engeln und Franziskus« gemalt. Der Heilige ist vor blauem Grund dargestellt, mit vollen, lebendigen Lippen, leicht gekrümmter Nase und wissendem Blick – kaum ein anderes Franziskusporträt wirkt so lebendig wie dieses. In der benachbarten **Nikolauskapelle** wird sein Habit ausgestellt, eine weite Kutte aus grobem Tuch.

Hochberühmt ist auch die **Martinskapelle**, die im frühen 14. Jh. angebaut und von Simone Martini mit Heiligenbildern und der Martinslegende ausgemalt wurde.

Noch unter der Unterkirche wurde im 19. Jh. die **Krypta** erbaut, um das 1818 wieder gefundene Grab des Heiligen mit dem Sarkophag zugänglich zu machen (1925/1930 umgebaut). Von der Unterkirche führen Treppen hinauf zum **Tesoro** (Museum mit kostbaren Reliquiaren und Manuskripten) und zur Oberkirche. In ihrem hohen Mittelschiff hat Giotto in ruhigen, konzentrierten Szenen die Vita des hl. Franziskus dargestellt. In der Fensterzone über dem Franziskuszyklus erscheinen die Schöpfungsgeschichte und das Leben Jesu. Im linken Querarm sind die Fresken Cimabues leider sehr schlecht erhalten; durch Oxidierung wurden die hellen Farben geschwärzt, die Schatten wirken heller, wie auf dem Negativ eines Fotos.

Viele Schilder fordern »Massimo silencio!« – äußerste Stille, aber Führer reden lauthals, Pilger singen, Besucher drängen, Fotoblitze blenden. November oder Februar empfehlen sich, wenn einem Ruhe an diesem Ort unentbehrlich ist. Dass die – zum Glück doch begrenzten – Erdbebenschäden der Gewölbemalerei in der Oberkirche nach und nach behoben werden können, ist fast ein Wunder der Restauratorenkunst. Im »Cantiere dell'Utopia«, einer eigens errichteten Halle, werden aus Zehntausenden von Farbresten auf Steinbrocken und Steinsplittern wieder Gemälde hergestellt (Besichtigung in der Regel samstags).
Piazza San Francesco; Kirche Ostern–Nov. Mo–Sa 6.30–19, So 6.30–19.30 Uhr; Nov.–Ostern bis 18 Uhr; Museum »Tesoro della Basilica di San Francesco e Collezione Perkins« Mo–Sa 9.30–17.30 Uhr, Nov.–März geschl.

San Pietro ■ b c 3
Die Benediktinerkirche an einem ruhigen, baumgrünen Platz stammt in ihrer heutigen Gestalt aus dem 13. Jh., existierte aber schon im 10. Jh. Die Fassade mit ihren Fensterrosen war ursprünglich von einem Dreiecksgiebel bekrönt, der im 19. Jh. abgetragen wurde.
An der Porta San Pietro; 8–19 Uhr

San Stefano ■ c 2
Die kleine romanische Kirche mit ihrem Garten im oberen Teil des Centro storico wird von deutschen Franziskanern als ein Ort franziskanischer Begegnung unterhalten.
Via San Stefano; Garten 8.30–21.30 Uhr, winters verkürzt; Morgenlob 9 Uhr, Abendlob 21 Uhr

Santa Chiara ■ c 2
Chiara (Klara) stammte aus der Familie Offreduccio, war eine Bewunderin des frommen Franziskus, wurde Ordensgründerin der Klarissen und wie Franziskus bereits zwei Jahre nach ihrem Tod (1253) heiliggesprochen. Seit 1260 ist sie in der ihr zu

Ehren 1257 bis 1265 erbauten Ordens- und Grabeskirche bestattet. Architektonisches Vorbild war die Oberkirche von San Francesco. In der **Cappella del Crocifisso**, rechts vom Langhaus, ist das große gemalte Kreuz (2. Hälfte des 12. Jh.) aus der Kirche San Damiano aufbewahrt, vor dem Franziskus seine Berufung erfuhr: »Stelle meine Kirche wieder her!«

1850 fand man die Reliquien der hl. Klara unter dem Hauptaltar, danach wurde die Krypta neu gestaltet.

Vom Leben der 1194 geborenen hl. Klara ist überliefert, dass sie nach einer Predigt des zwölf Jahre älteren Franziskus auf das Wohlleben im Elternhaus verzichtete und sich der kleinen franziskanischen Bruderschaft in der Porziuncola-Kapelle anschloss. Damals soll sie 18 Jahre alt gewesen sein. Klara gründete den weiblichen Zweig der Franziskaner. In San Damiano (→ S. 36) lebte sie drei Jahrzehnte mit ihren Gefährtinnen.
Piazza Santa Chiara; 6.30–12 und 14–18.15 Uhr

Santa Maria degli Angeli 👫

südlich ■ a 3
Entscheidende Stationen seines Lebens erfuhr Franziskus in der Ebene südwestlich von Assisi: Hier baute er die Porziuncola-Kapelle wieder auf, die ihm Benediktinermönche überlassen hatten, hier traf er die seelenverwandte Klara, sammelte Ordensbrüder um sich, hier starb er. Im 16. Jh. ließ Papst Pius VI. über der einst schlicht wie eine Hütte errichteten Porziuncola-Kapelle und dem Sterbeort eine gigantische Kirche (115 m Gesamtlänge) für die Pilgerscharen errichten: Santa Maria degli Angeli gilt als siebtgrößte christliche Kirche. Ein Rosengarten und eine Rosenkapelle erinnern an das Rosenwunder: Franziskus wälzte sich in einem Dornenbusch, und Rosen erblühten.
In der Nähe des Bahnhofs; 6.15–20 Uhr, Juli–Sept. auch 21–23 Uhr

Museen

Foro Romano e Collezione Archeologica (Museo Civico) ■ d 2
Auf Assisis Hauptplatz trinkt man seinen Cappuccino 5 m über dem Niveau, das der Platz vor zweitausend Jahren hatte. Unterirdische Treppen führen zu der einstigen 85 x 44 m großen Terrasse vor dem Minerva-Tempel. Wasserrinnen, Travertinblöcke für eine Kastor-und-Pollux-Gruppe, Opferaltäre, ein Brunnen, antike Stufen, Ladenfundamente, Sarkophage und eine ansehnliche Skulpturensammlung blieben vom römischen »Asisium«.
Via Portica (Westseite der Piazza del Comune); 16. März–15. Okt. tgl. 10–13 und 14–18, sonst bis 17 Uhr

Pinacoteca Comunale ■ d 2
Eine qualitätvolle kleine Sammlung vor allem umbrischer Meister ist im Ambiente des 14. Jh. zu erleben (ehemaliger Palazzo dei Priori, 1927 restauriert). Hauptwerke von Nicolò di Liberatore, genannt L'Alunno, aus Foligno (1430–1502).
Palazzo Vallemani, Via San Francesco; 16. März–15. Okt. tgl. 10.30–13 und 14–18, Juni/Juli bis 19 Uhr; 16. Okt.–15. März tgl. 10–13 und 14–17 Uhr

Rocca Maggiore (Museum des Martyriums und der Folter) ■ cd 1
Assisis mächtige Festung mit ihren Bastionen, Höfen und dem vierstöckigen Bergfried erhielt ihre heutige Gestalt nach 1367 durch den Kardinallegaten Egidio Albornoz, der für Innozenz IV. die päpstliche Herrschaft wieder herstellte. Im 12. Jh. fand der spätere Kaiser Friedrich II. als Säugling Aufnahme in der Rocca. Weiter Ausblick über die Stadt und die Valle Umbra! Restaurierungsarbeiten vermutlich bis Frühjahr 2003.
Tgl. von 10 Uhr bis Sonnenuntergang

Essen und Trinken

Buca di San Francesco 👥👥 ■ c 2
In mittelalterlichem Gewölbe,
auch bei Einheimischen beliebt.
Via E. Brizi/Via Cristofani, 26;
Tel. 0 75 81 22 04, Fax 0 75 81 37 80;
tgl. außer Mo; 7. Jan. – 28. Feb. und
1.–28. Juli geschl. ★ ★

La Rocca 👥👥 ■ e 1
Familienfreundliche, ruhige Trattoria
an der Stadtmauer oberhalb des
Doms, auch kleines Albergo.
Via Porta Perlici, 27; Tel. 0 75 81 22 84,
Fax 0 75 81 22 84 ★

San Francesco Ⓜ Ⓜ ■ b 2
Direkt gegenüber der Oberkirche San
Francesco. Elegant, internationale
und regionale Küche, Garten, Bar.
Via San Francesco, 52; Tel. 0 75 81 30 32
und 0 75 81 23 29, Fax 0 75 81 52 01;
tgl. außer Mi ★ ★ und ★ ★ ★

Einkaufen

In der Unmasse religiöser Kitsch-
produkte kann man auch Franziskus
und Klara in der Badewanne als
Keramiksouvenir entdecken.

La Volta
Einer der vielen Läden, die Kunsthand-
werk, Keramik und Leinen anbieten.
Via A. Fortini, 40

Service

Auskunft

IAT di Assisi ■ d 2
Piazza del Comune, 12, 06081 Assisi;
Tel. 0 75 81 25 34, Fax 0 75 81 37 27;
E-Mail: info@iat.assisi.pg.it;
Mo–Fr 8–14 und 15–18.30 Uhr,
Sa ab 9 Uhr

Uffici Informazioni Basiliche
Piazza San Francesco; Tel. 07 58 19 00 84,
Fax 07 58 19 00 35; Mo–Sa 9–12 und

14–17 Uhr; www.sanfrancescoassisi.org,
Vorbestellung Audio-Tour (Kopfhörer),
Tel. 0 75 81 28 50

Assisicard
Die Karte wird gratis an jeden abge-
geben, der in den Hotels des **Con-
sorzio Albergatori** (Tel. 0 75 81 65 66)
wohnt, und bietet Ermäßigungen
beim Parken und beim Museumsein-
tritt. Auch Restaurants und einige Läden bieten 5 bis 10% Skonto.
www.visitassisi.com

Busverkehr
Minibusse (**Servizio autobus urbano,
Linea A und Linea B**) verkehren
zwischen den Parkplätzen und den
Plätzen des Centro storico. Zahlreiche Busverbindungen erschließen
die Umgebung.

Eisenbahn
Bahnhof etwa 2 km südwestlich der
Stadt, Linie Foligno–Terontola.
Tel. 07 58 04 02 72

Parken/Innenstadtverkehr
Drei große Parkplätze außerhalb der
Stadtmauern, einer – meist besetzt! –
bei der Basilika San Francesco (Bus-
verkehr zu den wichtigsten Sehenswürdigkeiten, Tickets in der Bar).
   Im Centro storico ist der Verkehr
werktags von 10.30–12.30 und
16–18 Uhr, So und an Feiertagen von
9–12.30 und 16–20 Uhr untersagt
sowie immer von 22.30–5 Uhr.

Taxi
Standplätze an der Piazza San
Francesco, Tel. 0 75 81 26 06,
an der Piazza Santa Chiara, Tel.
0 75 81 26 00; Piazza Unitá d'Italia,
Tel. 0 75 81 23 78; Parkplatz B
(Porta Nuova), Tel. 0 75 81 63 96;
Santa Maria degli Angeli,
Tel. 07 58 04 16 05, und an der
Bahnstation, Tel. 07 58 04 02 75

Oben: Bei einer Mittagsrast im Schatten von Santa Chiara kann man sich über Gott und die Welt informieren(→ S. 38).

Mitte: Nahe bei Assisi liegt die Einsiedelei Eremo delle Carceri (→ S. 42). Wer gut zu Fuß ist, kann das Kloster in einem aussichtsreichen Spaziergang von Assisi aus erreichen.

Unten: Schmuckstücke der Oberkirche sind die Giotto zugeschriebenen Fresken. Nach dem Beben sind sie jetzt den Restauratoren anvertraut (→ S. 36).

Ziele in der Umgebung

Bevagna ■ B 9, S. 120

4500 Einwohner

Das Ambiente des umbrischen Mittelalters ist in der Kleinstadt Bevagna besonders stark spürbar. Von karger Monumentalität ist die Piazza Filippi Silvestri, ohne jedes Grün, ganz von der Architektur der beiden romanischen Kirchen **San Silvestro** und **San Michele Arcangelo** und dem gotischen **Palazzo dei Consoli** mit seiner großartigen Freitreppe geprägt. Der Brunnen mit schöner Schale ist eine Zutat von 1889, in den gleichen Jahren wurde in den **Palazzo dei Consoli** das noch heute bespielte Teatro Francesco Torti eingebaut.

Auch Bevagnas römische Vergangenheit – damals führte die Via Flaminia über den heutigen Corso durch die ganze Stadt – ist noch präsent: vor allem im Norden mit Resten eines **römischen Tempels** und eines großen **Theaters**, in das im Mittelalter Häuser gebaut wurden. Sehr reizvoll ist das schwarzweiße Fußbodenmosaik einer **Thermenanlage** mit dekorativen Seeschlangen, Langusten, Fischen und Fantasiegetier (westlich der Piazza Garibaldi, nach **Terme Romane con Mosaici** und der Via Porta Guelfa fragen! [Nr. 2] wohnt der Kustos, Sig. Massimo della Spina, Tel. 07 42 36 03 06).

Ca. 25 km südlich von Assisi

Eremo delle Carceri 👣👣
■ E 4, S. 117

Die Einsiedelei und Klosteranlage (**Santuario**) ist ganz in das Grün einer Waldschlucht am Monte Subasio gebettet. In den Grotten und aus dem Fels gehauenen Höhlen meditierte der hl. Franziskus. Das Kloster wurde wohl im 15. Jh. erbaut (tgl. 6.30–19.15 Uhr, Nov.–Ostern bis 17.30 Uhr).

4 km östlich von Assisi

Foligno ■ B 9, S. 120

55 000 Einwohner

Foligno ist keine typisch umbrische Hügelstadt. Sie ist nach Perugia und Terni die drittgrößte Stadt Umbriens, industriell aktiv – und einen Besuch wert, wenn man urbanes Leben schätzt, hier auch mit vielen Modeboutiquen. Eine schöne, von morgens bis hoch belebte Platzfolge: Piazza del Duomo, Piazza della Repubblica und Piazza G. Matteotti, mit Cafétischen und teils jahrhundertealten Fassaden.

Der **Dom San Feliciano** des 12. Jh. wurde über einer Krypta mit antiken Säulen und Kapitellen des 9. Jh. errichtet und birgt unter anderem eine lebensgroße Silberstatue des hl. Felicianus.

Der im Zweiten Weltkrieg schwer beschädigte Familienpalast der wohlhabenden Familie Trinci wurde um 1400 mit Wand- und Deckenbildern reich geschmückt und erhielt die Sala dei Giganti mit Fresken überlebensgroßer Figuren römischer Herrscher und antiker Helden. 1997, kurz vor dem Erdbeben, das Folignos historisches Zentrum schwer schädigte, war der **Palazzokomplex Trinci-Deli** zwischen Piazza Repubblica und Piazza del Grano gerade in jahrelanger Arbeit restauriert worden – so stabil samt seiner kühnen Treppenhauskonstruktion, dass er die Erdstöße überstand (Di–So 10–19 Uhr).

Foligno hat eine sehr frühe Buchdruckertradition, hier wurde Dantes »Göttliche Komödie« zum ersten Mal gedruckt.

Eine Viertelstunde zu Fuß in südlicher Richtung ist die Piazza San Domenico mit der ältesten Kirche der Stadt zu erreichen, **Santa Maria Infraportas**. Ihr Bodenniveau liegt 1 m tiefer als das der heutigen Straße. Fresken des 12.–16. Jh. sind im Dunkel des niederen Kirchenraums auszumachen, unter ihnen auch der

hl. Rochus. Einem betenden, bluten-
den Märtyrer wird auf einem der
Fresken mit drastischem Realismus
der Schädel gespalten. Büsten von
Petrus und Paulus erinnern an die
Legende, die erste Predigt der Apos-
tel in Umbrien sei hier gehalten
worden.
Ca. 16 km südöstlich von Assisi

Service

Auskunft

**IAT di Foligno (auch für Bevagna,
Montefalco, Spello, Trevi u. a.)**
Corso Cavour 126, 06034 Foligno,
Tel. 07 42 35 44 59 und 07 42 35 41 65,
Fax 0 742 34 05 45;
E-Mail: info@iat.foligno.pg.it

Touristische Information
Porta Romana, 126; Tel. 07 42 35 44 59,
Fax 0742 34 05 45

Montefalco ■ B 9, S. 120
5500 Einwohner

Ein berühmter Weinort auf der Höhe
über seinen Weinbergen, in denen
beste Rotweine angebaut werden.
Seinen Namen erhielt Montefalco im
Jahr 1249 von einem Lehnsmann Kaiser Friedrichs II., Tommaso d'Acerra,
Graf von Aquino – wohl wegen der
vielen Falken, die hier nisteten, und
weil der Kaiser die Jagd mit Falken
liebte. Vom Palazzo Comunale und
vom Mauerring der Altstadt groß-
artige Ausblicke!
   Für eine umbrische Mahlzeit empfiehlt sich das Restaurant **Coccorone**
(Largo Tempestivi; Tel. 07 42 37 95 35;
tgl. außer Mi ★★). Wer sich für einige Tage nobel einquartieren will,
genießt in der **Villa Pambufetti** hervorragende Küche. Das Haus ist
mit Park und Pool ausgestattet (Tel.
07 42 37 94 17, Fax 0742 37 92 45;
12 Zimmer, 3 Apartments
★★★★) ♿.

Unbedingt sehenswert ist das **Mu-
seo Civico di San Francesco**. In der
ehemaligen Kirche wird eine Gemäl-
desammlung attraktiv präsentiert.
Am Originalort befindet sich ein
Freskenzyklus des Fra-Angelico-
Schülers Benozzo Gozzoli mit zwölf
Szenen zum Leben des hl. Franziskus
(Via Ringhiera Umbra, Di–So März–
Mai und Sept./Okt. 10.30–13 und
14–18 Uhr; Juni und Juli 10.30–13
und 15–19 Uhr; Aug. bis 19.30;
Jan./Feb. und Nov./Dez. 10.30–13
und 14.30–17 Uhr).
Ca. 30 km südlich von Assisi

Monte Subasio und
Collepino 🚶 ■ E 4, S. 117

Seit 1983 gibt es den Naturpark
Monte Subasio oberhalb von Assisi
und Spello. Ein Ornithologe aus San
Francisco, Bert Schwarzschild, soll
die Initiative ergriffen haben, nachdem er auf einer Bergwanderung nur
Schützen und keine Vögel mehr ge-
troffen hatte. Über der Zone der
Eichen, Steineichen und Hainbuchen
ist auf der baumlosen, bis 1290 m
ansteigenden Kuppe des Monte Subasio alles Wiesengrün eingezäunt.
Man trifft Hirten und im Herbst die
Pilzsucher, auch Fuchs und Hase,
Wiesel und Dachs. Der Aufstieg oder
die Auffahrt von Spello oder von
Assisi über Eremo delle Carceri lohnt
wegen der Fernblicke. Sehr reizvoll
ist das winzige Bergdorf **Collepino**
(6 km von Spello), ein Tipp unter
Kennern dort Signora Antonietta
Paoluccis **Taverna San Silvestro** mit
umbrischen Spezialitäten (Via Collepino, 14).

Nocera Umbra ■ E 4, S. 117
5900 Einwohner

Hoch über dem Tal des Topino liegt
das Städtchen fotogen auf einem
Felssporn. Es ist berühmt für die
Mineralquellen der Bagni di Nocera.

Umbrer gründeten den Ort im 6. Jh. v.Chr. Roms Via Flaminia hatte bei Umbra Nocera einen Abzweig nach Ancona, heute beginnt dieser 20 km weiter nördlich. Seit dem 12. Jh. Stadtrepublik, wurde Nocera Umbria im 15. Jh. dem Kirchenstaat angegliedert. Am barockisierten Dom **Maria Assunta** blieb ein romanisches Seitenportal erhalten. In der ehemaligen Kirche **San Francesco** wurde ein Museum eingerichtet. Die baufälligen Häuser in der ehemaligen Sperrzone der Erdbebenschäden werden nach und nach gesichert, künftige Nutzungen noch diskutiert. Ihre Bewohner sind weggezogen oder haben neue Unterkünfte bezogen.

Eine attraktive Agriturismo-Adresse in der Nachbarschaft: Signore Eduardo Ivan Gasperini und seine Frau haben die Azienda Agricola **La Costa** mit eigenem biologischem Anbau zu einem Feinschmeckertreff gemacht. Rustikale Gebäude, ländliche Stille, Pferde prägen das Ambiente.

La Costa bietet auch Urlaubsquartier. Signore Eduardo geht mit seinem Hund auf Trüffelsuche. Gäste des Hauses können ihn begleiten (Loc. Costa di Nocera Umbra, Tel. 0742 81 00 42; E-Mail: gaspmass@interfree.it, ★★, etwa 6 km nördlich von Nocera Umbra) ♿ 🐾.

Spello   ■ E 4, S. 117

8000 Einwohner

Eine kostbare Stadtgestalt, von Zypressenhügeln, Olivenhainen und grünen Tälern umrahmt, in ihrem Mauerring selbst auf einem Hügel über der Valle Umbra thronend: Das ist Spello. In schmalen Gassen ohne Gehsteige drängeln sich Autos und Fußgänger zwischen den alten Mauern. Boutiquen, Galerien, Restaurants, Bars und Hotels gibt's reichlich, aber die Einwohner haben sich offensichtlich mit den Denkmalschützern arrangiert und bewahren den Charme ihrer Vergangenheit.

Spello hat ein römisches Amphitheater und drei römische Stadttore. Mehrere Kirchen bergen Hauptwerke umbrischer Meister, in **Santa Maria Maggiore** vor allem die von Pinturicchio, dem »Malerchen« aus Perugia, wunderbar licht und präzise ausgemalte Cappella Baglioni. Ein weiteres Werk Pinturicchios, die von Heiligen umgebene Maria, ist in **Sant' Andrea** zu bewundern.

Noch mehr Kunst kann man in der **Pinacoteca Civica** sehen, so etwa ein bei Passionsspielen benutztes Kruzifix des 14. Jh. mit beweglichen Armen, 1992 restauriert. 2003 ist die Sammlung geschlossen, das Gebäu-

❶ MERIAN-Tipp

Abbazia di Sassovivo Die tausendjährige Benediktinerabtei Sassovivo in den Bergen östlich von Foligno bewahrt in ihren verlassenen Klostergebäuden einen der schönsten Kreuzgänge aus romanischer Zeit, mit 128 teils spiralig skulptierten Säulen (erbaut um 1230). Auch eine mittelalterliche Zisterne und eine Krypta sind erhalten. Die abwechslungsreiche Landschaft um das Kloster mit den beiden auf über 1000 m ansteigenden Gipfeln Monte Serrone und Monte Aguzzo bietet viel Raum für ausgedehnte Waldspaziergänge. Unregelmäßig geöffnet, am sichersten Sonntagvormittags. Zufahrtshinweise an der neu ausgebauten Umgehungsstraße Foligno. Vom Stadtzentrum etwa 6 km   ■ B 9, S. 120

de wird erneuert, die Kunstwerke sollen kurzfristig in einem anderen Haus gezeigt werden.

Als ein Juwel der Neorenaissance-Architektur und Gartenkunst ist die **Villa Fidelia** besuchenswert, mit der Kunstsammlung Straka-Coppa (derzeit geschlossen wie die Pinacoteca Civica, der Park kann jedoch besucht werden, tgl. 10–13 und 16–19 Uhr, winters verkürzt), nordwestlich der Stadt.

Zurück im Mauergürtel trifft man auf die Ruinen der einst päpstlichen **Rocca Albornoz**, Erinnerung an die Jahrhunderte des Mittelalters, in denen Spello zwischen staufischen Kaisern, dem Papst, umbrischen Adelsfamilien und den konkurrierenden Stadtstaaten umkämpft war.

Beliebt ist Spello nicht zuletzt, weil es vorzüglich für Tagesausflüge auf den Monte Subasio wie nach Perugia und in die ganze Valle Umbra gelegen ist, ebenso aber auch für Exkursionen nach Gubbio oder zum Trasimenischen See. Den Wagen sollte man besser vor dem Ort parken!

Eine Spello-Spezialität: Weiß gewandete Mönche spielen Fußball, fahren Mähdrescher durch goldene Kornfelder, fliegen wie Engel um umbrische Gemäuer – nämlich auf den Bildern des 1927 in Spello geborenen und in etlichen Kunstgalerien ausgestellten Malers Norberto. Ca. 11 km südöstlich von Assisi

Hotels/andere Unterkünfte

Altavilla

Schöne Lage westlich außerhalb der Stadtmauer, Restaurant, Garten und Spello-Panorama. Auch in der benachbarten Dependance angenehme Zimmer, teils mit Terrasse.
Via Mancinelli, 2; Tel. 07 42/30 15 15, Fax 0 7 42 65 13 35; 24 Zimmer ★ ★ 🐕

Del Teatro

Im historischen Zentrum in einem Gebäude des 18. Jh., das behutsam rekonstruiert wurde. Dachterrasse mit imposantem Ausblick!
Via Giulia, 24; Tel. 07 42 30 11 40, Fax 07 42 30 16 12; 11 Zimmer ★ ★ ★

La Bastiglia

Um eine alte Mühle am Stadtrand erbaut, historisches Ambiente mit allem Komfort, einige Zimmer sehr klein. Auch attraktives Restaurant, vielleicht das beste Umbriens. Reservierung empfohlen!
Via dei Molini, 17; Tel. 07 42 65 12 77 und 07 42 65 24 07, Fax 07 42 30 11 59; 33 Zimmer ★ ★ und ★ ★ ★

Service

Auskunft

Tourist Information Spello
Piazza Matteotti, 3, 06038 Spello (PG); Tel. und Fax 07 42 30 10 09

Ein Meisterwerk Pinturicchios in Spello: die Capella Baglioni in Santa Maria Maggiore.

Bräuche von alters her sind noch lebendig im Oberen Tibertal, das von großen Wäldern umgeben ist – und zur Fülle mittelalterlicher Kunst gesellt sich die Moderne.

Gubbio   ■ D 2, S. 117

30 000 Einwohner
Stadtplan → S. 49

Umbriens merkwürdigstes Fest wird in Gubbio gefeiert. Die **Corsa dei Ceri** ist alljährlich das kultisch-sportliche Hauptereignis der Stadt. Gubbio war in vorchristlicher Zeit unter dem Namen Iguvium einer der wichtigsten Orte, wenn nicht der Hauptort der Umbrer. Wie auf einer mittelalterlichen Miniatur liegt noch heute die Altstadt am Berghang, mit dem Braun und Altrot ihrer Ziegeldächer und den Zinnen des berühmten **Palazzo dei Consoli**. In fünf Terrassen – auf denen jeweils Straßenzüge verlaufen – bauten Generationen dieses urbane Muster, das seit der Renaissance kaum verändert wurde. Stundenlang kann man ein pittoreskes Netzwerk voller Torbögen, überwölbter Durchgänge, schmaler Treppensteige und kleiner Brücken durchwandern. Im Mittelalter, als Handel und Handwerk Gubbio reich machten, drängten sich Kaiser und Papst und die Herzöge von Urbino zur Oberherrschaft. Aber Gubbio war auch »die zweite Stadt des hl. Franziskus«, der hier, so wird erzählt, Wunder wie die Zähmung eines grausamen Wolfes bewirkte.

Heute leben neun Zehntel der Bewohner außerhalb des alten Mauerrings. Als Gast sollte man das Auto auf einem der Parkplätze lassen (beim G.O.T.E.-Büro wird für Übernachtungsgäste ein Spezialpreis arrangiert). Nützlich ist der eigene Wagen für Exkursionen ins Obere Tibertal, wo es viele Burgen und Abteien und in den Städten Città di Castello

Die Rocca von Umbertide wacht über den historischen Ortskern von Umbertide (→ S. 51).

und Umbertide auch an- und aufregende Kunst des 20. Jh. zu besichtigen gibt.

Im späten Mittelalter soll Gubbio sogar mehr Einwohner als heute gezählt haben. Im 15. Jh. herrschten die Herzöge von Urbino, später der Vatikan.

Historisch ist Gubbio vor allem berühmt wegen der **Eugubinischen Tafeln**, des wichtigsten schriftlichen Zeugnisses der umbrischen Kultur. Die sieben Bronzetafeln aus dem 1. oder 2. Jh. v. Chr. werden im Palazzo dei Consoli gezeigt.

Hotels/andere Unterkünfte

Bosone M M   ■ c 2
Im Herzen der Altstadt, mit Resten von historischem Palazzo-Ambiente, sehr stimmungsvoll.
Via XX Settembre, 22; Tel. 07 59 22 06 88, Fax 07 59 22 05 52; 22 Zimmer ★ ★ 🐕

Tre Ceri M   ■ a 2
In stiller Seitenstraße, gemütliche Balkendecken im Restaurant, hübscher Garten und familiäre Atmosphäre.
Via Benamati, 6; Tel. 07 59 22 21 09, Fax 07 59 27 75 43; 24 Zimmer ★ und ★ ★ 🐕

Spaziergang

Beim kleinen Park der Piazza Quaranta Martiri erwarten den Besucher zwei architektonische Zeugnisse des Mittelalters: das schlanke Kirchenschiff von **San Francesco** und zum Stadtzentrum hin die lang gestreckte **Loggia dei Tiratori dell' Arte della Lana**, die Halle der Wollweber. Ursprünglich war sie 1313 als Hospital erbaut worden, der Oberstock wurde erst 1603 aufgesetzt. An den Läden der Via della Repubblica vorbei steigt man zum Stadtkern auf, kann die gigantischen Substruktionen des **Palazzo dei Consoli** begutachten und eine Straßenetage höher (Via dei Consoli) auf die Piazza Grande treten – keiner der größten Plätze Italiens, aber einer der schönsten!

Noch darüber am Berghang kommt man zum **Palazzo Ducale** und zum **Dom**, kann von dort wieder zum **Palazzo del Bargello** hinabsteigen – mit dem **Brunnen der Irren** davor. Die Bewohner von Gubbio nennen sich manchmal ironisch selber **matti**, irr. Vielleicht macht man einen Abstecher zur Casa di Sant' Ubaldo, wo der Stadtpatron 1085 geboren worden sein soll – wahrscheinlich ist das Haus aber mindestens 200 Jahre jünger. Durchstreift man das nordwestliche Altstadtviertel zwischen dem **Palazzo del Capitano del Popolo** (um 1400 erbaut) und der Kirche **San Domenico**, kommt man von dort auch aus dem alten Mauerring hinaus zum **antiken Theater**, zum kreisrunden Bau des **römischen Mausoleums** und zur Gedenkstätte für 40 Geiseln, die am 22. Juni 1944 von Deutschen erschossen wurden.

Ein anderer Rundgang kann in die südöstliche Altstadt führen, zu Kirchen wie **Santa Maria Nuovo** (im Kern 13. Jh., Fresko Madonna del Belvedere, ein Hauptwerk umbrischer Gotik) und **San Pietro** (14. Jh., mit großer Weihnachtskrippe).

Sehenswertes

Duomo Santi Mariano e Giacomo
■ c 1

Gubbio wurde schon 416 Bischofssitz; der gegenwärtige Dom stammt aus dem 13., die Fassade aus dem 14. Jh. In reichem Ornat liegen die Gerippe von Heiligen und Bischöfen in Glassärgen.
Oberhalb der Villa Ducale

Palazzo del Bargello
■ a 1

Die Bauzeit des Palastes ist umstritten. Mitte des 13. Jh. oder im 14. Jh. wurde er als Wohnhaus oder Sitz der Stadtverwaltung (**Municipio vecchio**) errichtet, noch ohne direkte Verbindung zwischen dem Unter- und dem Obergeschoss, das eine eigene Tür hatte. Schöne Fassade!
Piazza del Bargello

Palazzo dei Consoli/ Palazzo Pretorio
■ b 1–2

Der Palast der städtischen Konsuln wurde 1332 bis 1336 erbaut, wohl von Angelo da Orvieto, mit genial ausgewogenen Proportionen von Freitreppe, Fassade und Campanile. Ein starkes Erlebnis: die imposante, noch mittelalterlich raue Innenhalle aus unverputzten Hausteinen mit einem Tonnengewölbe aus Ziegeln, die Loggia mit weitem Ausblick, der über 8 m lange Ratstisch und nicht zuletzt die **Eugubinischen Tafeln** im **Museo Civico e Pinacoteca Comunale** (über Treppe im Oberstock zu erreichen).

Diese sieben unterschiedlich großen Bronzetafeln aus dem 1. oder 2. Jh. v. Chr. wurden 1444 bei Gubbio aufgefunden und sind umbrisch-etruskisch und lateinisch beschriftet, teils in Spiegelschrift – das wichtigste Zeugnis der umbrischen Sprache. Die Texte berichten von Kulten und Verordnungen der Stadt.

Der gegenüberliegende Palazzo Pretorio (oder dei Priori) wurde seit 1349 erbaut und ist heute Rathaus.
Piazza Grande; April–Juli, Sept. 10–13.30 und 15–18 Uhr; Aug. bis 19 Uhr; Okt.–März 10–13 und 14–17 Uhr; keine Fotoerlaubnis

Palazzo Ducale
■ b 1

An der Stelle eines langobardischen Baus und eines Konsulnpalastes des 12. Jh. ließ sich Federico da Montefeltro, Herzog von Urbino, um 1470 diesen Palast nach dem Vorbild seines Stammsitzes in Urbino – auch kleiner – erbauen. Reizvoller Arkadenhof.
Via Ducale; Mo–Sa 9–13.30 und 14–19 Uhr, So 9–13.30 Uhr

San Domenico ■ a 1

In der 1278 geweihten, im Inneren
barockisierten Kirche ist unter an-
derem ein Bild des Raffael-Schülers
Raffaellino del Colle zu finden. Die
Madonna mit Kind und musizieren-
den Engeln ist von schöner, heiterer
Ausstrahlung (vierte Kapelle links).
Piazza Giordano Bruno

San Francesco ■ ab 3

Die Franziskanerbrüder gründeten
schon früh ein Kloster in Gubbio,
ihre große Kirche wurde aber nicht
vor dem Ende des 13. Jh. fertig.
14 schlank aufstrebende Achteck-
pfeiler prägen den dreischiffigen
Innenraum, der ursprünglich einen
offenen Dachstuhl hatte (teilweise

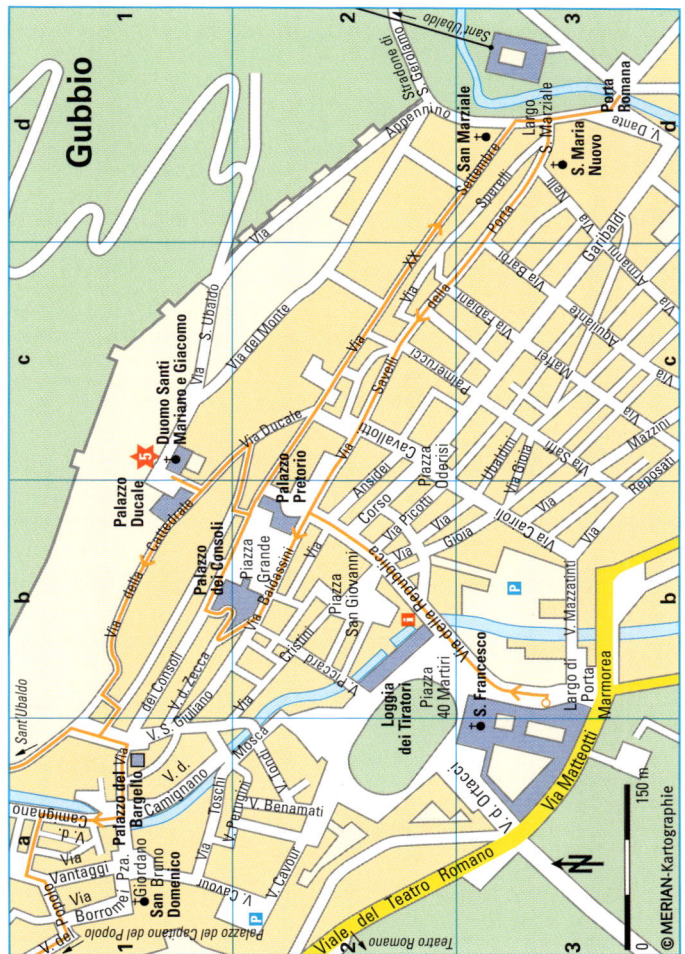

©MERIAN-Kartographie

noch in der ursprünglichen Form sichtbar). An der Stelle der rechten Chorkapelle soll Franziskus seine Kutte erhalten haben. In der Oberzone zeigt ein Fresko den Traum Papst Innozenz III.: Franziskus stützt die stürzende Kirche.
Piazza Quaranta Martiri

Sant' Ubaldo 👯 nördlich ■ a 1
Beim Kloster Sant' Ubaldo, 300 m über der Stadt, wurde 1514 eine neue Kirche erbaut, in der die Gebeine des Stadtpatrons in einem Glasschrein bewahrt werden. Im rechten Seitenschiff kann man die drei **ceri** sehen, die alljährlich beim berühmten Ceri-Lauf auf den Monte Ingino getragen werden (→ S. 107). Noch knapp 100 m über dem Kloster liegt die Rocca. Aufstieg vom Dom, mit der Seilbahn (Station bei der Kirche Sant' Agostino) oder mit dem Wagen über die Straße N 298.

Essen und Trinken

Taverna del Lupo Ⓜ Ⓜ ■ b 2
Stilvolles Ambiente, viel gerühmte Küche, gepflegter Weinkeller, bei reellen Preisen (→ Bild S. 21).
Via Ansidei; Tel. 07 59 27 43 68;
tgl. außer Mo, Juli–Sept. tgl. ★ ★ ★

Trattoria San Martino ■ a 1
Freundliche Atmosphäre, Vorgarten.
Piazza Giordano Bruno, 6;
Tel. 07 59 27 32 51; tgl. außer Di ★ ★

Service

Auskunft

G.O.T.E. Gruppo Operatori ■ b 2
Turistici Eugubini, Easy Gubbio
Parkplatz-Dauerkarte für Touristen!
Via della Repubblica, 11, 06024 Gubbio (PG); Tel. 07 59 22 00 66, Fax 07 59 22 05 48
IAT di Gubbio
Piazza Oderisi 6, 06024 Gubbio;
Tel. 07 59 22 06 93, Fax 0 75 92 77 34 09;
E-Mail: info@iat.gubbio.pg.it

Ziele in der Umgebung

Città di Castello ■ C 2, S. 119

15 000 Einwohner

Umbriens nördlichste Stadt hat Kirchen, Türme und Paläste, wird dekorativ umschlossen von einem Mauerring, lädt mit Cafés, Trattorien und Boutiquen zum Bummeln. Vor allem aber ist Città di Castello ein Dorado der Museumsfans. Neun Museumsadressen zählt die IAT di Città di Castello (Palazzo del Podesta, Piazza Fanti, Tel. 07 58 55 49 22). Darunter sind in Umbrien einzigartig die beiden Sammlungen des in Città di Castello geborenen Malers und Materialkünstlers Alberto Burri. Burri, ursprünglich Chirurg, 1995 80-jährig verstorben, bis zuletzt produktiv, stiftete seiner Heimatstadt so viele Werke, dass sie den **Palazzo Albizzini** in der Stadt und die leer geräumten Hallen einer **Tabakfabrik** vor den Toren füllen (Palazzo Albizzini, Di–Sa 9–12.30, nachmittags 14.30–18 Uhr; Tabakfabrik, Via Pierucci: So 10.30–12.30 und 15–18 Uhr und auf Anfrage, Tel. 07 58 55 46 49).

Unbedingt sehenswert ist auch das **Museo del Duomo**, mit Silberkelchen und einer Pinturicchio-Madonna (Piazza Gabriotti, April–Sept. Di–So 9.30–13 und 14.30–19 Uhr; Okt.–März 10–13 und 14.30–18.30 Uhr).

Der **Palazzo Vitelli alla Cannoniera** zeigt mit reichem Sgraffitto-Dekor eine der schönsten Renaissancefassaden Italiens, und unter seinen Kassettendecken sind die Schätze der Pinacoteca Comunale verborgen, darunter ein Frühwerk Raffaels (Via della Cannoniera, April–Okt. Di–So 10–13 und 14.30–18.30; Nov.–März 10–12.30 und 15–17.30 Uhr). Noch mehr Museen stehen zur Wahl.

Aber Weinkenner zieht es auch zu der urigen **Enoteca Altotiberina** beim

Dom, Trüffel-Freunde finden eine exklusive Auswahl von Trüffel-Zubereitungen bei **Tartufi Bianconi** (Località Badiali; www.tartufibianconi.it), und wer umbrisches Leinen kaufen will, geht ins **Laboratorio Tela Umbra**, falls es nicht gerade wieder geschlossen ist (Piazza A. Costa, Di–Sa 10–12 und 15.30–18 Uhr, So 10.30–13 und 15–18 Uhr).
Ca. 50 km von Gubbio

Auskunft

IAT di Città di Castello
Piazza Matteotti, Logge Bufalini,
06012 Città di Castello; Tel. 8 55 49 22,
Fax 07 58 55 21 00;
E-Mail: info@iat.citta-di-castello.pg.it

Gualdo Tadino ■ F 3, S. 117

8000 Einwohner

Nicht nur das weitbekannte Deruta, auch Gualdo Tadino ist eine umbrische Keramikerstadt. Im 3. Jh. hoch über dem Tal auf einem Vorberg der Apenninenkette angelegt, ist Gualdo Tadino heute als typische Landstadt

---

❶ MERIAN-Tipp

Centro delle Tradizioni Popolari Die überlieferte ländliche Kultur ist in Umbrien mit ihren Lebensgewohnheiten, Werkzeugen und Gerätschaften auf dem Rückzug. Um so wichtiger wird das Centro delle Tradizioni Popolari in dem kleinen Ort Garavelle bei Città di Castello. Tel. 07 58 55 21 19; im Sommer Di–So 8.30–12.30 und 15–19 Uhr, im Winter bis 18 Uhr; Eintritt frei
■ C 2, S. 119

---

zu erleben. Auf der lang gestreckten Piazza Martiri della Libertà, die von der gotischen Domfassade beherrscht wird, trifft man sich bei Espresso und Cappuccino. Immer wieder interessant ist die von August bis Oktober veranstaltete **Mostra internazionale della Ceramica d'Arte di Gualdo Tadino**.
Ca. 25 km südöstlich von Gubbio

Umbertide ■ C 3, S. 116

14 500 Einwohner

Die Mietshäuser in unmittelbarer Nachbarschaft lassen den wuchtigen Wehrturm der mittelalterlichen Rocca noch monströser erscheinen. Jahrhundertelang vom Kirchenstaat als Gefängnis benutzt, ist sie heute in ein Museum mit wechselnden, oft überregional attraktiven Ausstellungen zeitgenössischer Kunst umgewandelt (Di–So 10.30–12.30 und 16–19 Uhr).

Nach dem Rocca-Besuch nicht gleich abfahren! Südlich der Festung findet man über dem Tiber ein kleines Centro storico, mit der wohl erhaltenen Piazza San Francesco. Im Umkreis liegen die **Castelli** von **Romeggio** und **Polgeto**, die Burgruine **Preggio**, das gut restaurierte Schloss von **Civitella Ranieri** und das **Castello Montalto** – und bei Umbertide auch ein Golfplatz (Antognollo).

Auch eine architektonisch kostbare Benediktinerabtei hat die Alta Valle del Tevere: **Badia di San Salvatore di Montecorona**, nur 4 km südlich von Umbertide am rechten Tiberufer, wurde 1008 gegründet, mit einer erstaunlich großen fünfschiffigen Krypta. In der Oberkirche wurde 1959 im Chorraum ein Ziborium aus einer Kirche in Pignatte aufgestellt, der schlichte steinerne Altarbaldachin zeigt langobardische Pflanzen- und Tierornamente; wohl aus dem 8. Jh.
Ca. 30 km westlich von Gubbio

Meeresküsten hat Umbrien zwar nicht zu bieten, dafür aber den Lago di Trasimeno – eine ausgedehnte Urlaubslandschaft für Wassersportler, Radwanderer und Vogelfreunde.

Lago di Trasimeno 👫
■ B 4, S. 116

Am schönsten ist Umbriens größter See im Morgenlicht, eine große glänzende Wasserfläche mit Nebelstreifen erstreckt sich dann vor dem fernen Blau des Hügelhorizonts. Man sollte nicht nur zu einem Tagesausflug kommen, sondern in einer der kleinen Städte am oder oberhalb des Sees ein Quartier suchen. An acht gepflegten Stränden kann man im See baden. Historisch Interessierte erwandern das Schlachtfeld, südlich vom Dorf Sanguineto, auf dem Hannibal das Römerheer schlug.

Vor allem aber ist der Lago di Trasimeno ein Naturphänomen besonderer Art. Mit 128 Quadratkilometern ist er der größte See der italienischen Halbinsel, aber durchschnittlich kaum vier Meter tief. Mangels hinreichender Zuflüsse und hoher Phosphatbelastung ist der Wasservorrat nach einigen trockenen Sommern immer gefährdet. Das Umkippen des Sees droht, damit die Dezimierung, schließlich das Aussterben reicher Flora und Fauna.

1995 wurde das »Progetto Trasimeno« in Rom gebilligt. Hauptanliegen der Organisation: dem See neue Zuflüsse zuzuleiten.

Eine der fast unbekannten, rätselvollen Raritäten Umbriens ist »La Scorzuola«, das fantastische Gartenbauwerk des Architekten Tomaso Buzzi (1900–81), bei Montegabbione weit abseits vom See, östlich von Città di Pieve. Jetzt nach Anmeldung zugänglich: Tel. und Fax 07 63 83 74 63. Gruppenführungen.

Bei Sonnenuntergang zeigt sich der Lago di Trasimeno von seiner fotogensten Seite.

Ziele in der Umgebung

Castiglione del Lago
■ B 4, S. 116

13 400 Einwohner

Hauptort am See ist die Hügelstadt Castiglione del Lago, ein strategischer Platz mit etruskischer, römischer, langobardischer und karolingischer Vergangenheit. Der Staufer Friedrich II. soll ihr den Namen »Castello del Leone« gegeben haben. Später herrschte die mächtige perugianische Familie Baglioni – Gast des Gianpaolo Baglioni war 1503 auch Niccolò Machiavelli, Kanzler der Republik Florenz und Theoretiker der Machtpolitik. Später im Besitz der Familie Della Corgna (nach ihr heißt der Palast bis heute), fiel der Ort 1643 an das Großherzogtum Toskana. Heute bietet sich Castiglione del Lago so schmuck restauriert dar wie kein anderer der vielen alten Orte um den See, mit etlichen Boutiquen und Trattorien. Umso uriger wirkt das mächtige Fünfeck der **Rocca** hoch über dem Badestrand.

Castigliones großes Fest heißt **Coloriamo i Cieli** und versammelt alle zwei Jahre (in Jahren mit gerader Zahl) die Liebhaber von Flugdrachen aus aller Welt. Fantastische Gebilde steigen zum Himmel auf (Ende April/Anfang Mai).

Hotels/andere Unterkünfte

Miralago
Traditionelles Hotel im Ortszentrum, schöne Ausblicke! Mit Restaurant La Fontana (auch Garten).
Piazza Mazzini, 6; Tel. 0 75 95 11 57 und 0 75 95 30 63, Fax 0 75 95 19 24; 19 Zimmer ★ ★ 🐕

Romitorio 👫
Azienda Agraria Agrituristica, ruhig am Dorfrand, mit Schwimmbad; Reitmöglichkeit, Tennis, Bogenschießen.

Ca. 6 km westlich von Castiglione del Lago, 06067 Pozzuolo Umbro (PG), Loc. Romitorio; Tel. und Fax 0 75/95 95 17, 34 77 51 85 87; www.romitorio.com; 13 Apartments, jeweils mit Küche ★ und ★★ ♿ 🐾

Sehenswertes

Palazzo Della Corgna (Palazzo Ducale)

Der mittelalterliche Palast der Baglioni wurde im 16. Jh. modernisiert und war von 1550 bis 1643 Residenz der Herzöge Della Corgna. Mehrere Säle mit Fresken des Manierismus, die Szenen der Mythologie und der Familiengeschichte darstellen.
Am östlichen Ortsrand; April–Okt. 9–13 und 16–19.30 Uhr; Nov.–März tgl. 9.30–16.30 Uhr

Rocca del Leone 👫

Der fünfeckige Festungsturm im Osten des Ortes galt im 16. Jh. als eine der stärksten Burganlagen. Im Kern stammt sie aus der Zeit Kaiser Friedrichs II. Ein langer, sehr schmaler düsterer Gang verbindet die Rocca mit dem Palazzo. Im Sommer wird im Hof Theater gespielt.
Tgl. 9.30–13 und 15.30–19 Uhr, ebenso der Palazzo (im Winter eingeschränkt)

San Domenico

1640 stiftete Herzog Fulvio Della Corgna diese Kirche zum Dank für die Heilung seiner Frau Eleonora, die an einer Gangräne des rechten Unterarms litt. Das Heilmittel war erhitztes Öl von einer Lampe, die die Statue San Domenicos in Kalabrien beleuchtet. Ein Holzmodell des geheilten Arms ist in der Kirche ausgestellt.

Essen und Trinken

Il Lido Solitario Ⓜ

Ausgezeichnete Küche, Spezialitäten: Fische, hausgemachte Desserts.
Via Lungolago, 16; Tel. 0 75 95 18 91
★★

La Capannina

Beliebt bei Einheimischen wie bei Touristen, solide Küche.
Via Lungolago 20/22; Tel. 0 75 95 32 51
★★

Service

Auskunft

IAT di Castiglione del Lago

Piazza Mazzini, 10, 06061 Castiglione del Lago; Tel. 07 59 65 24 84, Fax 07 59 65 27 63; E-Mail: info@iat.castiglione-del-lago.pg.it; April–Sept. Mo 8.30–13 und 15.30–19 Uhr, So 9–13 Uhr; Okt.–März Mo–Fr 8.30–13 und 15.30–19 Uhr, Sa 9–13 Uhr

Agenzia Prima – Sonja Thun

Vermittlung von Ferienhäusern. Servicebüro Deutschland Kaiser-Wilhelm-Allee 10, D-29473 Göhrde, Tel./Fax 0 58 55-4 44; www.trasimenoverde.de

Eisenbahn und Fähren

Station an der Linie Florenz–Rom. Fährverbindungen Castiglione–Isola Maggiore–Passignano und zurück oder Castiglione–Isola Maggiore.

Isola Maggiore 👫

■ B 3, S. 116

In einer halben Stunde spaziert man ohne weiteres einmal über die Insel, die trotz ihres Namens nicht die größte des Sees ist, sondern nur größer als das benachbarte Eiland Isola Minore, das in Privatbesitz und nicht zugänglich ist. Als sommerliches Ausflugsziel sehr beliebt, hat die autofreie Insel Restaurants und ein kleines Hotel. An manchen Wochenenden landen bis zu 7000 Gäste. Außerhalb der Saison stört nichts den Inselfrieden und das Leben der rund 50 Einwohner. An der einzigen Dorfstraße, der mit altem Ziegelsteinpflaster gepflasterten **Via Matteo dell'Isola**, plauschen die Spitzenhäklerinnen. Das kleine **Castello Guglielmi**, ein romantischer Nachbau einer mittelalterlichen Burg, wurde 1891 festlich eingeweiht und verfällt in seinem verwunschenen Garten zusehends zur Ruine. Durch Olivenhaine wandert man zur Inselhöhe (309 m), wo beim Friedhof das Kirchlein **San Michele Arcangelo** 1291 neu erbaut wurde (Vorgängerbau 6. Jh.). Nördlich am Hang hielt sich der hl. Franziskus im Jahr 1211 sechs Wochen lang zur Fastenzeit auf, dort ist das **Giaciglio di San Francesco** erhalten (**giaciglio** = Lager, bescheidene Unterkunft).

Am steinigen Ufer gegenüber der Isola Minore findet man auch den bescheidenen Badeplatz der Insel.

Panicale
■ B 4, S. 116

5100 Einwohner

Die Struktur unverfälschten Mittelalters zeigen Luftaufnahmen von Panicale: Mauerring, Türme, Ziegeldächer. Es lohnt, vom lang gestreckten **Val di Nestore** (Nestortal) zu der Landschaftsterrasse hinaufzufahren, durch die Gassen zu streifen und um die Stadtmauern. Großartiger Blick nach Norden über den Lago di Trasimeno! Dann kann man vergleichen: In der Kirche **San Sebastiano** (außerhalb der Stadtmauer) zeigt ein Fresko Peruginos das Martyrium des Heiligen vor dem Lago di Trasimeno.

Empfehlenswert ist das Restaurant **Le Grotte di Boldrino** M an der Piazza Regina Margarita und seine auf naturnahen Anbau eingeschworene Küche (Via V. Ceppari, 43; Tel. 0 75 83 71 61, Fax 0 75 83 71 66, auch Hotel; 9 Zimmer ★★). Boldrino da Panicale war ein Condottiere des 14. Jh., ein rabiater und bewunderter Städteplünderer. Der Bühnenvorhang des historischen **Teatro Cesare Caporali** in Panicale zeigt ihn in Aktion (Besichtigung Mai–Okt. am Sa, So und feiertags Kernzeit 10.30–12.30 und 16–17 Uhr, je nach Jahreszeit auch verlängert).

Hotels/andere Unterkünfte

Villa di Monte Solare M M M
Inmitten schönster umbrischer Hügellandschaft südlich des Lago di Trasimeno sorgen ein italienischer Rechtsanwalt und seine deutsche Frau seit 14 Jahren im ehemaligen Herrenhaus und historischen Nebengebäuden für Gäste, die einen noblen Park und unzerstörte Natur in Ruhe und stilvollem Komfort erleben wollen. Verfeinerte Küche, zwei Swimmingpools, Tennisplatz, dazu werden auch Konzerte, Kurse einer »Cooking Academy«, Weinseminare, Natur- und Kulturtouren geboten. Zugehörig zu »Romantik Hotels und Restaurants«, Anfahrt über Tavernelle. Loc. Colle San Paolo – Tavernelle di Panicale; Tel. 07 58 35 58 18 und 0 75 83 23 76, Fax 07 58 35 54 62; villamontesolare.it.; Postanschrift Villa Monte Solare, 06070 Panicale (PG); 8 Zimmer und 12 Suiten ★★★ bis ★★★★ ♿ (Halbpension); ca. 13 km südlich von Castiglione del Lago

Passignano
■ B 3, S. 116

4700 Einwohner

Vom mittelalterlichen Kastell über schmalen Gassen öffnet sich ein weiter Ausblick, drunten am See haben Touristen und Schüler aller Jahrgänge im kleinen Park und am Badestrand ihre Treffpunkte, und vom Dampfersteg legen die Motorschiffe ab – das ist der Ferienort Passignano heute. Die Römer hatten in »Passum Jani« früh einen Stützpunkt.

Nach einer friedlichen Überlieferung ist das Madonnenbild, das heute in der Kirche **Madonna dell'Oliveto** (1,5 km westlich an der Straße nach Tuoro, So 10–12 Uhr oder nach Vereinbarung, Tel. 0 75 82 71 24) bewahrt wird, zuvor an gleichem Platz in einem Olivenstamm verehrt worden.

Ca. 24 km nordöstlich von Castiglione

Hotels/andere Unterkünfte

Villa La Rogaia 🅼
Über viele Kurven und vorm Ziel raue Straße geht's zu stillen Hügeln, Wiesen, Fernblicken – und zu Kreativkursen, von Tango und Salsa bis Goldschmieden und Steinbildhauen. Auch Ferienwohnungen. Deutsche Leitung, angenehme Atmosphäre. Via Campagna 17, Fraz. Castel Rigone, 06065 Passignano sul Trasimeno; Tel./Fax: 0 75 84 54 57; www.rogaia.de

San Feliciano 👫 ■ B 4, S. 116

Ruhiger, kleiner Fischer- und Ferienort. Hauptattraktion ist das **Museo della Pesca del Lago Trasimeno**. Silber- und Purpurreiher, die Große Rohrdommel, Schilfrohrsänger und Schnepfen nisten am See, und ein eigener Teil der Ausstellung gilt dem hier gesprochenen italienischen Dialekt (Via Lungolago A. Alicata, 23, 06060 San Feliciano [PG], Tel. 07 58 47 92 61, April–Juni und Sept. Di–So 10–12.30 und 15–18 Uhr; Juli/Aug. tgl. 10.30–13 und 16–19 Uhr; Feb., März und Okt. Do–So 10.30–12.30 und 14.30– 17.30 Uhr).

Guten Fisch bekommt man bei **Da Settimio** an der Uferpromenade (Hotel und Restaurant, Via Lungolago, 1; Tel./Fax 07 58 47 61 00; 8 Zimmer und 7 Suiten ★★ und ★★★). Etwas außerhalb vom Ort bietet das **Ristorante/Pizzeria/ Spiaggia del Giramondo** vorzügliche Küche, das Wirtsehepaar ist auch deutschsprachig (Tel. 07 58 47 62 71). Von San Feliciano fahren Schiffe zur nahen **Isola Polvese**.

Die Naturschützer der noch jungen »Oasi naturalistica La Valle« im Südostwinkel des Sees engagieren sich mit Führungen (sonntags auch im Elektroboot), Besucherzentrum und Infoprogrammen für das Ökosystem des Lago Trasimeno. Kontakt: San Savino di Magione, 06063 Magione; Tel./Fax 07 58 47 60 07; E-Mail: oasilavalle@libero.it Ca. 23 km östlich von Castiglione del Lago

🛈 MERIAN-Tipp

Urlaub in der Zollstation Zur Zeit des Kirchenstaats war Tuoro Grenzort zur Toskana. In der Zoll- und Pferdewechselstation **La Dogana** kehrten so prominente Reisende wie Michelangelo, Galilei, Goethe, Byron und Stendhal ein. Zum Gedenken an den Aufenthalt Hans Christian Andersens ließ ein anderer Besucher, König Baudouin von Belgien, eine Tafel anbringen. Heute sind die historischen Gebäude ein familienfreundliches Agriturismo-Quartier, mit Park und Reitmöglichkeit. Tuoro, ca. 17 km nördlich von Castiglione del Lago; Tel. 07 58 23 01 58, Fax 07 58 23 02 52; 13 Apartments ★★ ■ B 3, S. 116

Tuoro 👫 ■ B 3, S. 116
3500 Einwohner

Das Provinzstädtchen über dem Lago Trasimeno hat zur Erinnerung an die Hannibal-Schlacht im Jahre 217 v. Chr. einen Rundweg anlegen lassen (→ S. 96). Statt der vorgeschlagenen Radtour kann man den Hannibal-Rundweg gut auch zu Fuß erwandern, in 2–2 1/2 Stunden, jeweils eine kurze Rast bei den Schautafeln eingerechnet. Diese waren bei unserem letzten Besuch nicht in gutem Zustand, man beginnt darum am besten mit einem Besuch im **Centro di Documentazione permanente sulla Battaglia del Trasimeno ed Annibale** in Tuoro (Mo–Sa 9–12 und 16–18, So 9–12 Uhr).

Einer der schönsten Dome Italiens überragt die Stadt, die sich wie eine Insel aus dem Wein- und Olivenland erhebt. Hier ist die Heimat des süffigen Weißweines »Orvieto Classico«.

Orvieto

■ D 6, S. 119

21 500 Einwohner
Stadtplan → S. 59

Der steile Stadtfelsen aus vulkanischem Tuffstein, bis zu 200 m über der Ebene, ist eine ideale Aussichtsbastion. Mehr noch, das Felsplateau an der Südwestgrenze Umbriens war seit vorgeschichtlichen Zeiten auch ein bevorzugter Siedlungsplatz.

Im 7. Jh. v. Chr. wuchs hier ein etruskischer Stadtstaat namens Volsinii (etruskisch »Velzna«), noch im Ortsnamen des 13 km westlich von Orvieto liegenden **Bolsena** fortlebend. Die Römer überrollten die Etrusker im 3. Jh. v. Chr. Über tausend Jahre später fiel der Ort Orvieto (= Urbs vetus, die alte Stadt) an den Papst.

Oft haben die Päpste sich in Orvieto aufgehalten; sie bauten sich einen Palast neben dem stolzen Dom Santa Maria Assunta.

Seit den siebziger Jahren halten bis zu 40 m lange **Stahlnägel** den brüchigen Tuffstein des Stadtfelsens zusammen, und Beton wurde in großen Mengen in das zerklüftete Gestein gepumpt. Mit dem Programm »Orvieto underground« kann man in Höhlen und Grotten eindringen und dort auch Spuren vorgeschichtlicher Besiedlung ausgestellt finden.

Die Pfeilerreliefs am kostbar geschmückten Dom von Orvieto erzählen die Schöpfungsgeschichte (→ S. 59).

Hotels/andere Unterkünfte

Spaziergang

La Badia   südlich ■ b 2
In die ehemalige Abtei Santi Severo e
Martino (erbaut 8.–14. Jh.) ist der
Luxus eingezogen, und wer ihn zahlt,
ist willkommen in den mit Antiquitä-
ten nobel ausgestatteten Räumen.
Park, Aircondition, Swimmingpool,
Tennisplatz und schöne Ausblicke
auf Orvieto. Um die Abtei wird seit
Jahrhunderten Wein angebaut.
Loc. La Badia, 8 (3 km südlich von Orvieto);
Tel. 07 63 30 19 59, Fax 07 63 30 53 96;
www.labadiahotel.it; 25 Zimmer ★★★
und ★★★★

Duomo M   ■ b 2
Zwanzig Schritte vom Domplatz, Aus-
stattung und Service jüngst angeho-
ben. Auch Zimmer mit Blick auf den
Dom.
Via di Maurizio, 7; Tel. 07 63 34 18 87,
Fax 07 63 39 49 73; www.argoweb.it/
hotel_duomo/; 18 Zimmer ★★ ♿

Hotel Reale   ■ b 1
Historischer Palazzo, in dem schon
Ernest Hemingway Quartier nahm.
Piazza del Popolo, 27; Tel. und Fax
07 63 34 12 47; www.orvietohotels.it;
31 Zimmer ★★ und ★★★ 🐾

Maitani M M   ■ b 2
Bewährte Adresse mit gutem Service,
Aircondition, Hotelgarage, wenige
Schritte vom Dom.
Via Lorenzo Maitani, 5; Tel. 07 63 34 20 11,
Fax 07 63 34 20 11; www.argoweb.it/
hotel_maitani/; 39 Zimmer
★★★ und ★★★★

Virgilio   ■ b 2
Wenn Sie vis-à-vis vom Dom wohnen
wollen! Bescheidene Ausstattung,
aber angenehme Restaurantterrasse,
Bar.
Piazza Duomo, 5; Tel. 07 63 34 18 82,
Fax 07 63 34 37 97; www.hotelvirgilio.com;
13 Zimmer ★★ 🐾

Zu fast allen Tages- und Nachtzeiten
kann man genussvoll auf dem **Domplatz** sitzen, bei Cappuccino oder
Campari, und immer wieder den Blick
über die märchenhafte Fassade wandern lassen. Reizvoll ist aber auch
der Stadtrundgang, auf dem man
nach Belieben in etlichen mittelalterlichen Kirchen Fresken und Altäre be-
trachtet oder sich ganz dem Erlebnis
der Straßen, Gassen und Ausblicke
überlässt. Die Via Duomo hinab und
– nach links! – den Corso Cavour entlang kommt man am **Torre del Moro**
vorbei, einem mittelalterlichen Ge-
schlechterturm mit hervorragendem
Ausblick. Weiter geht's mit Window-
shopping zur Piazza della Repubblica, die einst das römische Forum
war. In der **Kirche Sant' Andrea** (mit
zwölfeckigem Campanile) tragen
römische Granitsäulen die Balken-
decke, Mosaikplatten schmücken
die Kanzel. Links über die Via dei
Mercanti taucht man in die ruhigeren
Altstadtquartiere um die Kirche **San
Giovanni** ein und hat bei den **Bastio-
ni** wunderbar weiten Ausblick. Bergauf, bergab geht es nordwärts zu
San Giovenale, einem um 1000 be-
gonnenen romanischen Bau.
   Zurück zum Stadtzentrum über die
Via Malabranca – oder an der Stadtmauer entlang – durch so schmale
Gassen, dass kein Auto durchkommt,
nichts den Frieden der kleinen Gärten
oder das Taubengurren stört. Inmitten der Piazza del Popolo steht der
Palazzo del Popolo, seit dem späten
13. Jh. Sitz der Stadtregierung. Weiter östlich findet man durch stille
Quartiere zu **San Domenico** an der
platanengrünen Piazza XXIX Marzo.
Von dort entweder über die Via Angelo da Orvieto und den Corso Cavour direkt zurück zum Dom oder
noch zu den Resten der **Rocca**, mit
Abstieg in den zu Recht berühmten
Pozzo di San Patrizio.

Sehenswertes

Duomo Santa Maria Assunta ■ b 2
Am 13. Nov. 1290 segnete Papst
Nikolaus IV. den Grundstein des
Domneubaus. Drei Jahrhunderte
und mehr haben die Orvietaner
dann an ihrem Dom gebaut. Schon
um 1310 entwarf der aus Siena stam-
mende Lorenzo Maitani die reich gegliederte Fassade mit den wunderbar
kunstreich ausgeführten Pfeilerreliefs, die Szenen aus dem Alten Testa-
ment, darunter die Schöpfungsgeschichte, aus dem Leben Marias
und Jesu sowie das Jüngste Gericht
darstellen.

Bald danach begann die Mosaik-
werkstatt zu arbeiten. Aber erst seit
dem 16./17. Jh. leuchtet der Dom im
Schmuck all der reichen Fassaden-
Mosaiken, anzusehen wie ein monu-
mental vergrößerter Reliquienschrein,
am zauberhaftesten im Spätnachmit-
tagslicht. Die Seitenwände führen
mit ihrem Streifenmuster aus schwar-
zem Basalt und hellem Travertin zu
diesem Bilderglanz hin.

Tritt man durch das Mittelportal,
empfängt einem ein weiter Raum mit
gemauerten Säulen, Licht fällt durch
dünn geschnittene Alabasterscheiben
ein. Als die kostbarsten Kunstwerke
gelten neben den spätmittelalterli-
chen Tauf- und Weihwasserbecken in
den Seitenkapellen Luca Signorellis
dramatische Fresken über das Ende
der Welt in der oberen Wandzone der
Cappella Nuova (oder Cappella della
Madonna di San Brizio, rechts am
Querschiff) (Di–So April–Aug.
10.30–13 und 14.30–18 Uhr, sonst
verkürzt). Der 1499 bis 1504 gemalte
Zyklus verweist mit seinem Höllen-
sturz der Verdammten bereits auf
Michelangelos Jüngstes Gericht in
der Sixtina (1535).

Ein anderes Hauptwerk im Dom ist
die **Cappella del Corporale** mit den
Fresken des Ugolino di Prete Ilario
(um 1360). Im Hochaltar wird das
kostbare, 1,40 m hohe Reliquiar ver-
wahrt, das zu Ostern und Fronleich-
nam durch die Stadt getragen wird,
eines der besten Stücke europä-
ischer Goldschmiedekunst des 14. Jh.

Sowohl die Fresken, die im frühen 19. Jh. von dem deutschen Nazarener Friedrich Overbeck restauriert wurden, wie die Emailbilder des Reliquiars schildern das Blutwunder vom Lago di Bolsena, das zur Stiftung des Fronleichnamfestes führte.
April–Sept. tgl. 7.30–12.45 und 14.30–19.15 Uhr, März und Okt. nur bis 18.15 Uhr; Nov.–Feb. bis 17.15 Uhr

Necropoli Etrusca del Crocefisso del Tufo 🏃‍♀️🏃 ▪ a 1

Am Nordhang des Tuffsteinplateaus ist die größte der im Umkreis entdeckten etruskischen Totenstädte zu besichtigen, mit mehreren Reihen steinerner Grabhäuser, die alle leer geräumt sind. Tritt man durch den schmal bemessenen, niederen Eingang, sieht man jeweils nur eine steinerne Sitzbank. Etruskische Schriftzeichen (Namen) sind über den Eingängen zu erkennen, auf den Dächern wächst das Gras. Die Archäologen sind seit über hundert Jahren an der Arbeit.
8.30–19 Uhr; Okt.–März 8.30–17 Uhr ♿

Palazzo Papale ▪ b 2

Der Palazzo Papale seitlich vom Dom entstand seit dem 10. Jh., wurde im 13. Jh. von den Päpsten ausgebaut, seither mehrfach verändert und enthält jetzt das Museo Archeologico Nazionale (→ S. 62).

Palazzo del Popolo ▪ b 1

In dem mächtigen Stadtpalast des 13. Jh. hatte der Capitano del Popolo seinen Sitz. Nach grundlegender Restaurierung und Wiederherstellung früherer Baugestalt ist der Palazzo heute Kongresszentrum.
Piazza del Popolo

Pozzo della Cava ▪ a 1

Papst Clemens VII., der vor den Truppen Karls V. nach Orvieto geflüchtet war, ließ den schon von den Etruskern in den Tuffstein gegrabenen

Brunnen (36 m tief) neu gestalten. Der Wirt der Enoteca La Bottega del Buon Vino hat sich des päpstlichen Werks angenommen, bietet auch Weine und Souvenirs an.
Via Cava, 28; tgl. außer Di während der Öffnungszeiten des Restaurants

Pozzo di San Patrizio 🏃‍♀️🏃 ▪ c 1

Noch ein weitaus größerer Brunnenauftrag von Clemens VII., ausgeführt 1527 von Antonio da Sangallo dem Jüngeren. Wie ein in die Tiefe gebauter zwölfstöckiger Turm wirkt der Brunnenschacht mit den beiden Wendeltreppen in gegenläufiger Spiraldrehung, ein Meisterstück der Architektur. Esel trugen auf den 248 Stufen Wasser ans Tageslicht, durch Öffnungen der Treppenwandungen reicht die Helligkeit auch bis in die Tiefe.
Viale Sangallo (bei der Rocca);März–Sept. tgl. 9.30–19 Uhr; Okt.–Feb. 10–18 Uhr

San Domenico ▪ b 1

Nur noch ein Torso blieb, das Langhaus der 1233 bis 1264 erbauten Kirche musste 1934 zu Gunsten einer Militärsportschule weichen. Im zugehörigen Dominikanerkloster lebte zeitweise der hl. Thomas von Aquin. Arnolfo di Cambios Grabmal des Kardinals Guglielmo du Braye (gest. 1282), links vom Eingang der Kirche, gilt als eines der künstlerisch wertvollsten seiner Zeit, wurde allerdings verändert.
Piazza XXIX Marzo

Tempio Etrusco di Belvedere ▪ c 1

Grundmauern einer Tempelanlage aus dem 5. Jh. v. Chr. Der Bauschmuck befindet sich im Museo Faina.
Im Park nördlich der Rocca; tgl. bis Sonnenuntergang

Um die atemberaubende Pracht des Doms ganz erfassen zu können, sollte man in die schmale Via Maitani zurückweichen.

Museen

Museo Archeologico Nazionale ■ b 2
Schöne Sammlung etruskischer
Keramik. Eine rekonstruierte Grabkammer mit Wandmalereien von
einem Totenmahl darf nur von maxi-
mal fünf Personen betreten werden,
dann sind zehn Minuten Pause.
So bleiben Luftfeuchtigkeit und Tem-
peratur konstant.
Piazza del Duomo; 8.30–19.30 Uhr; Museo
C. Faina e Civico 9.30–18, Okt.–März
10–17 Uhr ♿

Museo Emilio Greco ■ b 2
Aktzeichnungen und Skulpturen von
hinreißender sinnlicher Eleganz: das
Werk des sizilianischen Künstlers Emilio Greco wird in seiner großen Spann-
weite gezeigt.
Palazzo Soliano, Piazza del Duomo;

> **❶ MERIAN-Tipp**
>
> **C**arta **Orvieto Unica** Nach
> der Assisicard (→ S. 40) ist
> auch diese praktische »Stadt-
> Karte« eingeführt worden. Mu-
> seums-Fans verbilligt die für
> 12,50 € beim Ufficio di Infor-
> mazioni Turistiche an der Piaz-
> za Duomo erhältliche Karte
> den Eintritt, öffnet auch den
> Zugang in Orvietos Untergrund
> und den Aufstieg zu einem
> Aussichtsturm. Außerdem freie
> Benutzung von Stadtbus und
> Funicolare oder fünf freie Park-
> stunden am Campo della Fiera;
> Discountpreise bei mehreren
> Läden, Restaurants, Hotels! –
> Übrigens: Wie Studenten er-
> halten auch Senioren aus EU-
> Ländern (ab 65 Jahre) in man-
> chen staatlichen und städti-
> schen Museen ermäßigten
> oder sogar freien Eintritt.

Di–So April–Sept. 10.30–13 und 14.30–18
Uhr; Okt.–März 10.30–13 und 14–17.30 Uhr

**Musei Archeologico »C. Faina«
e Civico** ■ b 2
Die Sammlung eines Privatmanns
von archäologischer Kennerschaft
und städtischer Besitz sind im Palazzo Faina nach jahrelanger Restaura-
torenarbeit wieder zu bewundern –
u. a. etruskische Grabskulpturen wie
auf dem Sarkophag vom Torre San
Severo.
Piazza del Duomo, 29; April–Sept. tgl.
10–13 und 14–18 Uhr; Okt.–März Di–So
10–13 und 14.30–17 Uhr

Museo dell' Opera del Duomo ■ b 2
Wegen Restaurierung bleibt das
Museum vermutlich bis Ende 2003
geschlossen.

Orvieto underground ■ b 2
Das Team Speleotecnica organisiert
eine Expedition ins unterirdische
Orvieto, in die schon von Etruskern
angelegten Tuffgrotten und -kammern.
Treffpunkt (IAT) Piazza del Duomo, 24;
Tel. 0 33 97 33 27 64; Zeiten am Treffpunkt
erfragen!

Essen und Trinken

Al Pozzo Etrusco ■ a 2
Freundlich und hell, mit Besichtigung
eines 8 m tiefen etruskischen Brun-
nens. Die Pizza kommt direkt vom
Holzofen.
Piazza de' Ranieri, 1A; Tel. 07 63 34 44 56;
Di geschl. ★ bis ★★

La Volpe e l'Uva Ⓜ Ⓜ ■ b 1
Bei dieser Adresse bekommen die
Füchse ihre Trauben, wie es der
Name des Lokals schon andeutet,
und zwar vom Besten. Gute um-
brische Küche, angenehme Atmo-
sphäre. Unbedingt reservieren!
Via Ripa Corsica, 1 (nördlich der Piazza
del Popolo); Tel. 07 63 34 16 12; im Winter
Mo und Di geschl. ★★

Einkaufen

Michelangeli M ■ b 1

Holzfiguren, die in viele Länder gehen, geschaffen von Gualverio Michelangeli und seinen Töchtern. Michelangeli entwickelte einen eigenen Stil der Holzskulptur, spielerisch, aber auch emotional ansprechend. Preise: umgerechnet zwischen 3,50 und 3500 €. Auch viel anderes Originelles für Wohnung und Garten ist hier zu finden – einer der attraktivsten Läden Umbriens.
Via Gualverio Michelangeli, 3 B

Mirella Cecconi ■ b 2

Künstlerische Keramik, traditionell und modern. Zum Besuch des Ateliers sollte man sich zuvor anmelden.
Via Montemarte 30; Tel. 07 63 34 30 76, Fax 07 63 34 03 66

Studio Arte Marino Moretti ■ b 2

Kreative Keramik.
Viceno (Castel Viscardo);
Tel./Fax 07 63 36 16 63

Tenuta Le Vellette südlich ■ b 2

Weingut mit hervorragenden Lagen auf Vulkanboden (Orvieto Classico, Rosso di Spicca und Monaldesco Rosato). Der Winzer, Dr. Corrado Bottai, spricht Deutsch. Besuch zu normalen Geschäftszeiten willkommen. Anfahrt über die Dörfer Orvieto Scala und Canale Nuovo nach Porano, kurz vor Botto links abbiegen (grünes Schild).
05019 Orvieto Stazione; Tel. 0 76 32 90 90 und 0 76 32 91 44, Fax 0 76 32 91 14

Am Abend

Im Juli/August Konzerte junger Orchesterstudenten, im Winter Festival **Umbria Jazz** 👫 an mehreren Plätzen, auch im Kloster San Giovanni.

Sant'Andrea M

Bar, Pasticceria, Gelateria, Terrasse zum Sehen und Gesehen werden, abends mit Piano-Bar (50 % Aufschlag auf Getränkepreise).
Piazza della Repubblica, 26

Service

Auskunft

IAT di Orvieto ■ b 2

Piazza del Duomo, 24, 05018 Orvieto;
Tel. 07 63 34 17 72, Fax 07 63 34 44 33;
E-Mail: info@iat.orvieto.tr.it; Mo–Fr 8.15–13.50 und 16–19 Uhr, Sa 10–13 und 16–19 Uhr, So 10–12 und 16–18 Uhr

Innenstadtverkehr

Im Stadtzentrum gibt es eine Fußgängerzone. Die Via Cavour, Einfahrtstraße von Osten, ist von 13 bis 16 Uhr nur von Einwohnern, Taxis, Hotelgästen und Behinderten zu befahren. Minibusse verkehren gratis zwischen dem Parkplatz Foro Boario und der Piazza della Repubblica. Vom Parkplatz bei der Bahnstation Seilbahn zur Piazza Cahen (bei der Rocca).

Ziele in der Umgebung

Von Orvieto gelangt man rasch über die Grenze Umbriens hinaus zum **Lago di Bolsena**, auf dem Gebiet von Latium, 115 qkm groß, mit schönen Badeplätzen und Etruskerfunden. Auf der Autostrada fährt man ebenso schnell nach **Florenz** wie über die umbrischen Berge nach **Perugia**. In nächster Umgebung sind die Kastelle und ursprünglichen Dörfer des Orvietano zu entdecken – hier eine Jugendstilvilla (in Villalba), dort Keramikwerkstätten oder ein Trüffelmarkt (in Fabro), Agriturismo-Quartiere und ein Zentrum der Segelflieger- und Kleinflugzeuge (Castel Viscardo).

Lago di Corbara ■ D 6, S. 119

Zwischen Waldhängen erstreckt sich wunderschön dieser Stausee des Tiber. Vergeblich blickt man freilich nach einem Rundwanderweg aus. Baden ist nicht gestattet, und zum Surfen mangelt's oft an Wind. Im Dorf Civitella del Lago über dem See tischt das Restaurant **Vissani** vom Allerbesten auf (Tel. und Fax 07 44 95 03 96; tgl. außer Mi und So abends, Juli geschl. ★ ★ ★ ★).

Ca. 12 km östlich von Orvieto

Todi 👥 ■ E 6, S. 119

16 000 Einwohner
Stadtplan → S. 65

Dieses Stadtkleinod hat selbst unter den umbrischen Hügelstädten nicht seinesgleichen. Auch andere können sich schöner Plätze, weiter Aussichten in die Landschaft, mittelalterlicher Stadttore, Kirchen und Restaurantgewölbe rühmen. In Todi, dem einstigen umbrischen, dann etruskischen Tudere, stimmen die Proportionen von Architektur und Natur noch glücklicher zusammen und ermöglichen eine außerordentliche Lebensqualität.

Die Infrastruktur, die das gewachsene Stadtbild nicht beeinträchtigt (vom Verkehrslärm in der Altstadt einmal abgesehen, das Auto wurde nicht verbannt), dazu attraktive Läden, Ateliers des traditionellen Möbelhandwerks, Kunstereignisse und Feste machen Todi auch zur Touristenstadt. Sommers drängen sich die Fremden auf der Piazza del Popolo zwischen den Stadtpalästen des 13. Jh. und dem Dom mit großer Freitreppe. Im Palazzo del Popolo und Palazzo del Capitano wurde das **Museo Pinacoteca** wieder eröffnet. Im Palazzo dei Priori (frühes 14. Jh.) mit dem Adler als Stadtsymbol residierte der päpstliche Gouverneur.

Zu besichtigen sind auf der Höhe des Stadthügels vor allem zwei Kirchenbauten. Der spätromanische Dom **Santa Maria** birgt neben mittelalterlichen Kunstwerken Lo Spagnas Tafelbilder von Petrus und Paulus (1515 – 1516), aber auch eine moderne Bronzeskulptur des hl. Martin von 1994. Im rechten Seitenschiff steht in einer erhöhten Kapelle sehr schön ein Quattrocento-Taufbecken auf einer von Löwenskulpturen getragenen Säule. Die dem Stadtpatron geweihte franziskanische Kirche **San Fortunato** ist eine der schönsten Hallenkirchen Italiens, mit monumentalem Reliquien-Sarkophag in der Krypta (neu: Stadtüberblick vom Turm, Di–So 10.30–13 und 15–18.30 Uhr, Mo 15–19 Uhr). Unterhalb des letzten noch erhaltenen Rocca-Rundturms kommt man durch Parkgelände zu **Santa Maria della Consolazione**, einem der Meisterwerke der Hochrenaissance, das das Ideal des Zentralbaus perfekt verkörpert. Die Kirche ist 1508 bis 1512 an der Fundstelle eines wundertätigen Marienbildes entstanden, das über dem Hochaltar zu sehen ist. Als Architekt war anfangs Cola da Caprarola tätig, später waren Baldassare Peruzzi, Antonio da Sangallo d. J. und Giacomo Vignola beteiligt.

Für Autofahrer: Von hier aus fährt man auch am besten zur Piazza del Popolo hinauf – oder parkt gleich bei Santa Maria della Consolazione (15 Min. Fußweg zum Zentrum).

Ca. 37 km östlich von Orvieto

Hotels/andere Unterkünfte

Agriturismo Fano Daniele

■ E 6, S. 119

Gut mit Oliven, Obstgarten, Gemüseland, Schafen und Geflügel, Swimmingpool und Kinderspielplatz. Canonica bei Todi; Tel. 07 58 94 75 45, Fax 07 58 94 75 81; www.tenutadicanonica;com; 12 Zimmer ★ ★ und ★ ★ ★

Bramante 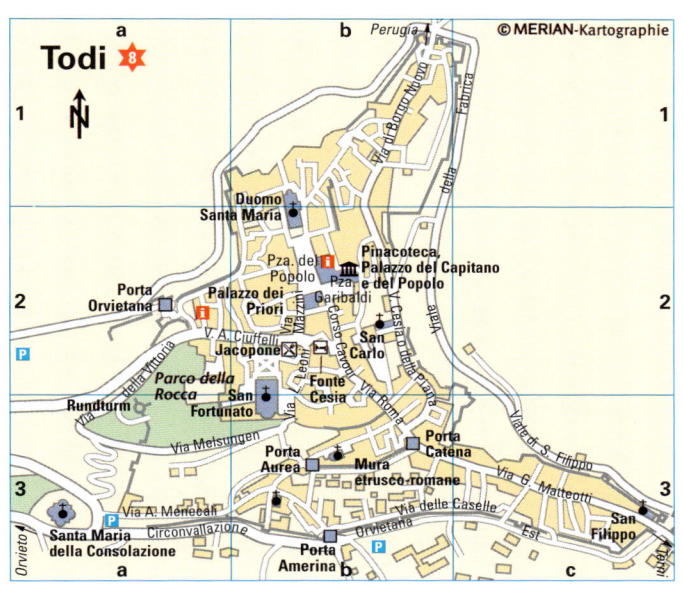 südlich ■ a 3

Dieses exzellent gelegene Hotel verfügt über Swimmingpool und Tennisplatz, bei Santa Maria della Consolazione.

Via Orvietana, 48; Tel. 0758 94 83 81, Fax 0758 94 80 74; www.hotelbramante.it; 43 Zimmer ★ ★ ★ bis ★ ★ ★ ★

Fonte Cesia ■ b 2

Zentral gelegenes Hotel mit eleganter Ausstattung.

Via Lorenzo Leoni, 3; Tel. 0758 94 37 37, Fax 0758 94 46 77; 34 Zimmer ★ ★ ★ und ★ ★ ★ ★

Villa Luisa

Moderner Bau nahe dem Centro storico, komfortabel ausgestattet mit Swimmingpool, Hotelgarage, Bar und Garten.

Via A. Cortesi, 147; Tel. 07 58 94 85 71, Fax 07 58 94 84 72; www.villaluisa.it; 39 Zimmer, 1 Suite ★ ★ ★

Essen und Trinken

Jacopone ■ b 2

Gemütliches Lokal mit familiärem Ambiente, guter Küche und vielen Erinnerungsbildern an den Wänden.

Piazza Jacopone, 3; Tel. 0758 94 23 66; Mo geschl. ★ ★

Umbria ■ b 2

Die Traditionsadresse unter der großen Auswahl an Restaurants. Mit Terrasse.

Via San Bonaventura, 13; Tel. 0758 94 27 37 ★ ★

Service

Auskunft

IAT di Todi ■ b 2

Piazza del Popolo, 36, 06059 Todi (PG); Tel. 07 58 94 25 26, Fax 07 58 94 34 56 Piazza Umberto I, Nr. 1, 06059 Todi; Tel. 07 58 94 33 95, Fax 0 75 89 42 06; E-mail: info@iat.todi.pg.it

Umbriens stolze Hauptstadt

lockt mit reichen Kunstschätzen, lädt zum schicken Einkaufen und lehrt Gästen aus aller Welt die italienische Sprache.

Perugia   ■ C 4, S. 116

150 000 Einwohner
Stadtplan → Klappe hinten

Auf einem Hügelrücken über der Valle Umbra und tief eingeschnittenen Seitentälern thront die Hauptstadt Umbriens, ein Ambiente zum Wohlfühlen, fern vom Getöse der Autostrada. Wie auf einer Achterbahn ist Perugia von mancher Seite anzusteuern, über verwegen konstruierte Straßenkurven. Mit rund 150 000 Einwohnern (samt Eingemeindungen) teilt die einzige Großstadt der Region das Schicksal aller ihrer zu rasch gewachsenen Schwestern. Oder doch nicht? Gesichtslose Vorstadtareale und Industriezonen umzingeln den Stadtkern. Der aber hat keine allzu schweren Einbrüche hinnehmen müssen. Zwischen der Piazza d'Italia über dem Südabfall des lang gestreckten Höhenrückens und seinem Nordende über der Kapelle **San Severo** dominiert und triumphiert das Architekturerbe, zeigt sich Perugias Centro storico mit dem imposanten **Palazzo dei Priori**, dem Dom und der viel bewunderten **Fontana Maggiore** als eine der schönsten Städte Italiens.

Ohne Übertreibung: Immer wieder nahm Perugia einen Spitzenplatz in der Region ein, zuerst im etruskischen Zwölfstädtebund, später im Streit zwischen Päpsten und Kaisern. Als in den Jahren nach 1470 Pietro Vannucci – besser als »Perugino« bekannt – seine ersten Werke schuf, war dies das wichtigste Ereignis in der kulturellen Geschichte Perugias. Über drei Jahrhunderte blieb Perugia noch dem Kirchenstaat untertan, in

einem kulturellen und politischen Halbschlummer. Goethe, 1786 auf der Durchreise nach Rom in Perugia, notierte: »Der Staat des Papstes scheint sich nur zu erhalten, weil ihn die Erde nicht verschlingt.« Der Kirchenstaat erhielt sich bis 1860. Dann schloss sich Perugia mit Umbrien dem Königreich Italien an.

Perugia ist seit 1308 Universitätsstadt, Sitz eines Erzbischofs, ist Kulturzentrum und Industriestadt, Touristenstadt. Auf Rolltreppen und in Tunnelröhren kommen die Automobilisten von den Parkplatzterrassen in die Oberstadt und verwandeln sich ganz rasch in Flaneure.

Hotels/andere Unterkünfte

Brufani Palace M M   ■ c 5
Fünfsternige Old-style-Edelherberge mit dem schönsten Ausblick Perugias. Im selben Gebäude auch das einfachere Palace Hotel Bellavista, mit drei Sternen.
Piazza Italia, 12; Tel. 07 55 73 25 41, Fax 07 55 72 02 10; www.sinahotels.com; 27 Zimmer ★ ★ ★ ★ ♿ 🐾

Fortuna
Charmant im »Centro Storico«, möglichst eines der größeren Zimmer mit Terrasse reservieren!
Via Bonazzi 19 (Nebenstraße des Corso Vannucci); Tel. 07 55 72 28 45-46, Fax 07 55 73 50 40; 34 Zimmer ★ ★ ★ 🐾

Locanda della Posta M   ■ d 4
Traditionsadresse, noch aus der Goethezeit, zentral.
Corso Vannucci, 97; Tel. 07 55 72 89 25, Fax 07 55 73 25 62; 40 Zimmer ★ ★ ★ und ★ ★ ★ ★ 🐾

Priori   ■ c 3
Verwinkeltes Altstadthotel für Lebenskünstler. Reservieren!
Via Vermiglioli, 3 (Ecke Via dei Priori); Tel. 07 55 72 33 78, Fax 07 55 72 91 55; 49 Zimmer ★ ★ 🐾

Stimmungsvoller Treffpunkt: Aufgang zum Stadtpalast Palazzo dei Priori im Herzen Perugias (→ S. 70).

Vega 🎎

Knapp 10 km östlich vom Stadtzentrum, nahe der N3 inmitten eines Parkgeländes gelegen. Mit Klimaanlage, Swimmingpool und eigenem Restaurant.
Strada Montalcino, 2 a, 06078 Ponte Vallecepi; Tel. 07 56 92 95 34, Fax 07 56 92 95 07; 37 Zimmer ★ ★ ★

Spaziergang

Perugia lädt zu einer Zeitreise auf Rolltreppen: Von der Piazza dei Partigiani führen sie in Minuten durch Jahrhunderte, an freigelegten etruskischen Mauerresten und an Überresten der mittelalterlichen Stadt vorbei, auf denen die Päpste im 16. Jh. ihre Zwingburg, die **Rocca Paolina**, erbauen ließen (genannt nach Papst Paul III). Die Festung selbst wurde bereits 1860 nach der Einigung Italiens geschleift, übrig blieben nur die unterirdischen Teile der Rocca Paolina. Die mit Schutt aufgefüllten Gewölbe und Substrukturen wurden beim Bau der modernen Verbindung zwischen Unter- und Oberstadt ausgeräumt, unterirdische Ausstellungshallen und Läden eingerichtet. Vom Ausgang gegenüber dem Hotel Brufani ist man sogleich in den **Giardini Carducci** und damit auf der schönsten Terrasse Perugias, mit alten Bäumen und weitem Ausblick über Umbrien.

Nur wer gut zu Fuß ist, wird einen wirklichen Stadtrundgang über die Hügel Perugias schaffen, die meisten Besucher flanieren lieber – wie die Perugini selber bei ihrer abendlichen »passeggiata« – auf dem **Corso Vannucci** zwischen Piazza Italia und Piazza IV Novembre. Von dieser immer belebten historischen Meile mit ihren Palästen, Läden und Cafés zweigen Stichstraßen zu den Stadttälern und Nebenhügeln ab.

Zum Beispiel erreicht man nach Südosten **San Domenico** mit dem Archäologischen Nationalmuseum, nach Norden die Piazza Braccio Fortebraccio mit dem **Arco Etrusco** und der Ausländer-Universität und noch weiter hinaus die frühchristliche Kirche **Sant'Angelo**, nach Nordwesten die Piazza San Francesco mit dem **Oratorio di San Bernardino** und der Akademie der Schönen Künste. Reizvoll ist auch der Spaziergang über die mehrere hundert Meter lange Via dell' Acquedotto (Nordseite des Doms).

Sehenswertes

Arco Etrusco
(Arco di Augusto)　　　　■ d 2
Vermutlich ein Bau des 3. Jh. v. Chr., eines von sechs Stadttoren, die noch als Teil des etruskischen Mauerrings zu identifizieren sind. Mit römischen Ergänzungen.
Piazza Braccio Fortebraccio

Città della Domenica 🎎
　　　　　　　　■ C 4, S. 116
Erlebnisareal mit Zoo (6 km westlich, Anfahrt mit PKW, Bushaltestelle ist 2 km entfernt).
Tel. 07 55 05 49 41; tgl. 9–19 Uhr, 1. Okt.–5. Feb. nur So und an Feiertagen

Collegio del Cambio　　　■ d 3
Ohne falsche Bescheidenheit stellten Perugias Geldwechsler schon 1377 fest: »Die Wechselkunst ist der wichtigste Teil des Staates.« Entsprechend überreich ist die 1452 bis 1457 erbaute Zunftkammer der Geldwechsler mit Gemälden (großenteils von Perugino, dort auch sein Selbstporträt!) ausgestattet, voller Planetenbilder, christlicher und antiker Symbole. So vorzüglich erhalten kennt man aus dieser Zeit meist nur kirchliche Räume.
Corso Vannucci, 25; März–Okt. und 20. Dez.–6. Jan. tgl. 9–12.30 und 14.30–17.30 Uhr, So 9–12.30 Uhr; übrige Zeit Di–Sa 8–14, So 9–12.30 Uhr resp. 20. Dez.–6. Jan. wie März–Okt.

Collegio della Mercanzia ■ d 3
Ratssaal der Vorsteher der Kaufleute, mit Pult von 1462 und Zunftwappen: der Greif, Perugias Wappentier, fasst ein Warenbündel.
Corso Vannucci, 15; März–Okt. und 20. Dez.–6. Jan. tgl. 9–13 und 14.30–17.30 Uhr, So 9–13 Uhr; übrige Zeit Di, Do, Fr 8–14, Mi und Sa 8–16.30, So 9–12.30 Uhr

Duomo San Lorenzo ■ d 3
Der Grundstein wurde 1345 gelegt, gebaut wurde aber erst im 15. Jh.: eine hohe Hallenkirche mit achtkantigen, heute teils schief stehenden Pfeilern. Links die Kapelle des hl. Ringes, der Überlieferung nach der Verlobungs- oder Ehering Marias. Rechts an der Wand ein modernes Grabmal für drei Päpste, die im 13. Jh. in Perugia starben. In der Papstgeschichte wurde unter ihnen am berühmtesten Innozenz III., der 1216 in Perugia starb – der zielstrebigste Gegner der deutschen Kaiser, ein mächtiger Erneuerer der Kurie, des Kirchenrechts und der Mönchsorden. Die Neuwahlen durch das Konklave fanden im Kreuzgang hinter der Sakristei statt. Ein schöner Ruheplatz bei den richtigen Temperaturen sind die Freitreppen des Doms, mit Blick über den Corso Vannucci.
Piazza IV Novembre

Fontana Maggiore 👥 ■ d 3
Vielleicht ist dies der schönste mittelalterliche Brunnen Italiens, mit Sicherheit aber der bedeutungsreichste: Über die Symbolik des dreigeschossigen Aufbaus und der Reliefzyklen kann man Bücher schreiben, sie erzählen die biblische Menschheitsgeschichte und Perugias Stadtgeschichte, zeigen die Wissenschaften und die Künste und gaben dem Bürger eine Art Weltmodell voller Lebensregeln.
Schöpfer der im Jahr 1277/1278 entstandenen Bronzereliefs und Statuen in Bronze und Marmor waren Nicola und Giovanni Pisano, Vater und Sohn. Auch die technische Leistung war beachtlich: Das Wasser wurde über 3 km vom Monte Paccino auf den Stadthügel geführt.
20 Jahre hatte man für den Bau der Aquädukte gebraucht, bis zuletzt wurde über den Standort des Brunnens gestritten und verhandelt.
Piazza IV Novembre (vor dem Dom)

Ipogeo dei Volumni ■ D 4, S. 117
Unterirdische Grabanlage des 2. Jh. v. Chr., Teil der Nekropole del Palazzone mit 38 Felsgräbern. Viele figürliche Darstellungen in Wandreliefs und auf den Urnen: Gorgonenhäupter, Delfine, Vögel und die Verstorbenen selbst.
Loc. Ponte San Giovanni, an der Staatsstraße 75 nach Assisi, Abfahrt »Balanzano« von der Autobahn nach Terni; tgl. 9–13 und 15.30–18.30 Uhr; Juli–Aug. 9–12.30 und 16.30–19 Uhr

Oratorio di San Bernardino ■ b 2
Die kleine Kapelle zu Ehren des franziskanischen Predigers wirkt neben dem mächtigen Bau von San Francesco geradezu zierlich. Schon Jacob Burckhardt, im 19. Jh. ein Wiederentdecker italienischer Renaissance, pries die »reiche und prächtige« Fassade des Florentiners Agostino di Duccio (1457 begonnen).
Piazza San Francesco

Palazzo del Capitano del Popolo ■ d 3
1481 konnte der Stadthauptmann in diesen Palast mit dem prächtigen Portal einziehen. Hinter dem Palast ist die Terrasse des **Mercato coperto**, des überdachten Markts, mit vielerlei Läden zu erreichen. Ausblick auf die Stadtlandschaft!
Piazza Matteotti

Palazzo dei Priori ■ d 3

Das zinnenbekrönte Regierungsgebäude von strenger Pracht, ursprünglich (1293–1297) mit der Hauptfassade zum Dom errichtet, wurde mit wachsendem Prestige der Stadt nach Süden erweitert. 1443 kamen die letzten drei Fensterachsen mit dem Collegio di Cambio hinzu. Dieses, das **Collegio della Mercanzia** (Handelskammer) und die an allen Wänden mit Fresken geschmückte **Sala dei Notari** sind zu besichtigen, vor allem aber im Oberstock die **Galleria Nazionale.**

Corso Vannucci und Piazza IV Novembre; tgl. 8.30–19.30 Uhr, geschlossen an jedem ersten Montag des Monats; die genannten Collegi sowie die Sala dei Notari öffnen um 9 und schließen von 13–15 Uhr

Pozzo Etrusco 👣👣 ■ de 3

Durch alte Torbögen gelangt man zu einem der ältesten etruskischen Brunnen, der wohl aus dem 4. Jh. v. Chr. stammt. Mit Eimern wurde das Wasser den 37 m tiefen Schacht hoch gezogen. Man sieht noch die Schleifspuren der Seile. Interessant: die Technik, mit der die Etrusker den Schlussstein des Gewölbes setzten.

Piazza Danti, 18; April–Sept. tgl. 10–13.30 und 14.30–18.30 Uhr; Okt.–März Mo–Fr 10.30–13 und 14.30–16.30, Sa und So bis 17.30 Uhr

San Domenico ■ e 6

Vom starken Selbstbewusstsein des Dominikanerordens spricht der übergroße Bau der Kirche San Domenico, der seit 1304 im Südteil Perugias errichtet wurde, zu einer Zeit also, als vor allem Dominikaner im Namen der Kirche als Inquisitoren auftraten. Der heutige Bau wurde nach dem Einsturz der Hallenkirche 1614 von dem barocken »Star-Architekten« Carlo Maderna neu errichtet. Dabei blieben ältere Ausstattungsteile erhalten: das Renaissance-Chorgestühl, das riesige, 21 Meter hohe Glasfens-

ter mit Heiligenbildern und die Grabkapellen des Stadtadels, voran der Familie Baglioni.

San Michele Arcangelo

nördlich ■ d 1

Klar und feierlich ist die Architektur der schon im 5. oder 6. Jh. erbauten Rundkirche mit ihren 16 wieder verwendeten Säulen und dem sechzehnseitigen Tambour, der eine flache Kuppel trägt. Benachbart sind das friedliche Gartengelände an der Porta Sant' Angelo, der Parco Sant' Angelo und das Kloster Beata Colomba, in dem sich der Überlieferung nach die hl. Franziskus und der hl. Dominikus begegneten.

Piazza Sant' Angelo (nördlich vom Corso G. Garibaldi)

San Pietro südlich ■ e 6

Bei der ersten Bischofskirche Perugias (wohl 6. Jh.) auf dem Monte Calvario wurde im 10. Jh. das Benediktinerkloster gegründet. Im 16. Jh. stattete man San Pietro mit der prächtigsten Kassettendecke Umbriens und kostbar geschnitztem Chorgestühl aus. Erklärlich: denn im Kloster wohnten oft die Päpste bei ihren Perugia-Aufenthalten. Heute arbeitet hier die landwirtschaftliche Fakultät der Universität Perugia. Ein Schatz ist in der Sakristei zu finden: vier Heiligenbilder von Perugino. Freunde der Gartenkunst freuen sich am erneuerten »Hortus Conclusus«.

Borgo XX Giugno

San Severo ■ e 3

An der Chorwand des Oratoriums malten Raffael und – nach Raffaels Tod (1520) – sein Lehrer Perugino das Fresko der hl. Dreifaltigkeit mit Heiligen. Trotz Beschädigungen noch immer ein Werk von großer Schönheit und geistiger Kraft.

Via Raffaello (Porta Sole); April–Okt. tgl. 10–13.30 und 14.30–18.30 Uhr; Nov.–März nur bis 16.30, So bis 17.30 Uhr

Oben: Im 16. Jahrhundert war es mit der Freiheit Perugias vorbei, nach verlorenem Krieg wurde der Stadt die Rocca Paolina, die Zwingburg der Päpste, oktroyiert (→ S. 68).

Mitte: Die Verkleidung von San Lorenzo mit rotem und weißem Marmor blieb unvollendet (→ S. 69).

Unten: Gut für müde Füße sind die Rolltreppen, die von Canapina zur Via dei Priori im Centro Storico führen.

Museen

Galleria Nazionale dell'Umbria
■ d 3

Die größte Kunstsammlung der Region und eine der bedeutendsten Italiens. Gemälde, Skulpturen, Goldschmiedekunst vom 13. bis 19. Jh., mit Hauptwerken Peruginos und anderen Meisterwerken umbrischer und toskanischer Künstler (Fra Angelico, Piero della Francesca, Beqozzo Gozzoli u. a.). Erläuternde Texte werden auch in Englisch geboten. Nehmen Sie sich Zeit für mehrere Besuche der im Sommer 2002 nach Erweiterung prächtig wiedereröffneten Säle!
Palazzo dei Priori (3. Stock und Mezzanin), Corso Vannucci; Informationen: Tel. 07 55 72 10 09; Öffnungszeiten wie Palazzo dei Priori (→ S. 70)

Museo dell'Accademia di Belle Arti
■ a 2

Im Klostergebäude von San Francesco werden Werke der Akademiekünstler ausgestellt (18. – 20. Jh.). Auch Grafiksammlung.
Piazza San Francesco (im Frühsommer 2003 noch geschl., wegen des Erdbebens 1997)

Museo Archeologico Nazionale dell'Umbria
■ e 5

Im ehemaligen Kloster San Domenico, mit einer prähistorischen und einer etruskisch-römischen Abteilung. Hervorragende etruskische Kunstwerke schon aus dem 6. Jh. v. Chr.! In der Klosterkirche San Domenico sind vor allem die Chorfenster aus dem 15. Jh. zu bewundern.
Piazza Giordano Bruno; Di–So 8.30–19.30, Mo 14.30–19.30 Uhr

Museo Storico della Perugina

1997 eröffnet, mit reicher Sammlung historischer Drucke und Karten!
Loc.Sqan Sisto, nahe bei Nestlé Italiana S.p.A.; Mo–Fr 9–13 und 14–17.30 Uhr, Eintritt frei

Essen und Trinken

Café di Perugia M
■ d 4

Traditionsadresse mit drei Restaurants.
Via Mazzini 10–14; Tel. 07 55 73 18 63; Mo geschl. ★★/★★★★

La Botte
■ e 3

Fürs Touristenmenü stehen rund 30 Gerichte zur Auswahl.
Via Volte della Pace, 33; Tel. 07 55 72 26 79 ★

La Fontanella M
■ d 3

Typische peruginische Küche.
Via delle Prome, 2 (Quartiere Porta Sole); Tel. 07 55 73 42 65 ★★

La Rosetta
■ c 4

Im Hotel gleichen Namens, gepflegte Küche, schöner Innenhof.
Piazza Italia, 19; Tel. und Fax 07 55 72 08 41 ★★

Einkaufen

Für schicke Mode und Antiquitäten lohnt immer ein Gang über den Corso Vannucci und seine Seitenstraßen. Außerdem: große Auswahl an Delikatessen, einige gute Juweliere.

Andrei
■ d 3

Italienische Damen- und Herrenmode.
Corso Vannucci, 42–50

Bianconi
■ d 3

Silberwaren.
Piazza IV Novembre, 34

Le Delizie
■ d 4

Von vielerlei Gebäck und Nudeln über Wurst- und Käsespezialitäten bis zu Trüffeln und Weinen.
Piazza Matteotti

In den engen Altstadtgassen Perugias stößt man immer wieder auf malerische Details.

Sandri Pasticceria 🍴🍴 ▪ d 3
Seit Generationen aufs süßeste
bewährt. Spezialität: **Torciglioni** (ein
Backwerk wie ein geringelter Aal).
Corso Vannucci, 30/32

Am Abend

Adressen von Diskos, Jazz-Clubs,
Piano-Bars, Pubs mit Livemusik
sind in und um Perugia dutzend-
weise zu haben (Liste beim IAT,
→ Auskunft).

Etoile 54 ▪ d 2
Mit Gratisbus geht's gegen Mitter-
nacht von der Piazza Braccio Forte-
braccio (Ausländer-Universität) in den
Vorort Madonna del Piano zu dieser
Super-Disko. Freitags auch Jazz.
Via Madonna del Piano, 109;
Tel. 07 53 87 10

Teatro Comunale Morlacchi ▪ c 2
Hauptbühne des »Teatro Stabile dell'
Umbria« (Ständiges Theater), Auf-
führungen auch in Spoleto, Gubbio
und Narni. Auch andere Ensembles
treten auf. Erbaut 1780.
Piazza Morlacchi; Tel. 07 55 72 25 55
oder 07 55 73 01 05

Service

Auskunft

IAT di Perugia ▪ d 3
Piazza IV Novembre Nr. 3, Sala San Severo,
Palazzo dei Priori; Tel. 07 55 73 64 58,
Fax 07 55 73 93 86; Verwaltung: Via Maz-
zini, 6, 06100 Perugia; Tel. 07 55 72 89 37,
Fax 07 55 73 93 86;
E-Mail: info@iat.perugia.it

Ausländer-Universität ▪ cd 1–2
Kurse für italienische Sprache,
Geschichte und Kultur.
Palazzo Gallenga, Piazza Braccio Forte-
braccio, 4, 06122 Perugia; Tel. 07 55 74 61;
www.unistrapg.it;
E-Mail: relstu@unistrap.it

Eisenbahn
Verbindungen der Ferrovie dello
Stato (Tel. 84 88-8 80 88, Stazione an
der Piazza Vittorio Veneto) und der
Ferrovia Centrale Umbra
(Tel. 07 55 75 40 38).

Innenstadtverkehr
Mehrere Parkpätze außerhalb des
Zentrums. Vom Parkplatz/Parkhaus
Piazza dei Partigiani Rolltreppen-
auffahrt zur Piazza Italia, vom Park-
platz/Parkhaus Viale Pompeo Pellini
Rolltreppen zur Torre delle Sciri/
Via dei Priori. Hotelgäste fahren auch
während der Sperrstunden ins Zent-
rum. Ein Tunnel (Galleria) unter dem
Stadtzentrum verbindet die Via XIV
Settembre im Osten mit dem Viale
Pompeo Pellini im Westen.

Ziele in der Umgebung

Bettona ▪ D 4, S. 117
3000 Einwohner

Der kleine Hügelort in seinem mittelalterlichen Mauerring mit teilweise
noch etruskischem Unterbau bietet
vor allem einen großartigen Rundblick über die Valle Umbra und eine
gar nicht touristische Atmosphäre in
seinen engen Gassen – denn weder
die Kirche **Santa Maria Maggiore**
noch die wieder eröffnete **Pinacoteca Comunale** im Palazzo del Podesta
aus dem 14. Jh. haben ihren Platz in
der »Muss«-Kategorie der Kunstinte-
ressierten (Pinacoteca: Piazza Cavour,
meist Di–So 10.30–13 und 15–18
oder 19 Uhr, im Büro der Vigili Urba-
ni nachfragen).
    Etruskischer Herkunft ist das
Hypogäum (Kult- und Grabkammer)
an der Straße nach Perugia, 1 km
von Bettona.
    Im Umkreis wachsen Oliven und
Zypressen. Dazwischen liegen Agriturismo-Quartiere, wie das Gut
Torre Burchio (Loc. Burchio,

Tel. 07 59 88 50 17, Fax 0 75 98 71 50,
14 Zimmer, ★), wo man reiten, Rad
fahren und Bogen schießen kann.
Vielerlei Produkte sind zu kaufen:
Olivenöl, Honig, Pilze, Kastanien.
Ca. 17 km südöstlich von Perugia

Hotels/andere Unterkünfte

Borgo Monticelli
Kleine mittelalterliche Burganlage,
ausgebaut zu Ferienwohnungen und
eleganten Suiten, mit Pool, Jacuzzi
und Tennisplatz, als Standquartier
rasch erreichbar von Perugia, exzel-
lente Aussicht. Frühstück und Abend-
essen auf Anfrage.
Tel. 07 55 72 84 86, Fax 07 55 71 54 86;
www.borgomonticelli.it; ★★ bis ★★★;
ca. 7 km südwestlich

Il Poggio degli Olivi
Historisches Landhaus, umgeben
von Olivenplantagen und Weinbergen, gutes Restaurant, Bar, Swimmingpool, Garten und Tennisplatz.
Loc. Montebalaca, Passaggio di Bettona,
06080 Bettona; Tel. und Fax 07 59 86 90 23;
10 Zimmer ★ bis ★★

Deruta   ■ F 5, S. 119
7600 Einwohner

Die Auffahrt von der Schnellstraße
Perugia – Foligno zur Altstadt dauert
nur wenige Minuten, und schon findet man sich in einer anderen Zeit,
zwischen jahrhundertealten Mauern
wieder.
    Seit dem Ende des 13. Jh. produ-
zieren die Werkstätten von Deruta
die glasierte und handbemalte, als
Majolika bekannte Keramik (**Museo
Regionale della Ceramica**, Largo
San Francesco, April–Juni tgl. 10.30–
13 und 15–18 Uhr, Juli–Sept. tgl.
10–13 und 15.30–19 Uhr, Okt.–März
Mi–Mo 10.30–13 und 14.30–17 Uhr).
Die Keramiksammlung (über 7000
Objekte!) hat in den renovierten Räumen des ehemaligen Klosters San

Francesco neuerdings eine ungleich
bessere Präsentation gewonnen.
    Deruta liegt ca. 18 km südlich
von Perugia. Noch 5 km weiter ist
Il Pino zu erreichen, ein altes Guts-
haus mit Neubau und Swimming-
pool, Restaurant mit Bio-Produkten,
in ungestörter Hügellage (Villaggio
turistico Fornace, Castelleone; Tel.
07 59 71 06 03, Fax 07 58 70 73 38;
1 Apartment und 2 Zimmer ★).

Hotels/andere Unterkünfte

L'Antico Forziere 👥👥
Landgut im Hügelland mit Swim-
mingpool, Garten und Bar, auch
Halb- oder Vollpension möglich.
Voc. Fontana, 06053 Casalina di Deruta;
Tel. 07 59 72 43 14, Fax 07 59 72 93 92;
3 Zimmer, 7 Apartments (Suiten) ★★ ♿

Torgiano   ■ D 4, S. 117
4900 Einwohner

Unter den Gewölben und Balkendecken des Palazzo Graziani-Baglioni
im Zentrum der kleinen Stadt findet
man eine der interessantesten Kol-
lektionen Italiens zur Geschichte des
Weinbaus: alte Bücher, Illustrationen
und Dokumente, dazu Weinpressen,
Krüge und Gläser, bis hin zu einem
temperamentvoll bemalten Diony-
sos-Teller von Joe Tilson aus dem
Jahr 1973.
    Zu diesem **Museo del Vino** der
Fondazione Lungarotti (Corso Vittorio Emanuele, 11, 06089 Torgiano
[PG], Tel. 07 59 88 02 00, im Sommer
9–13 und 15–19 Uhr, im Winter bis
18 Uhr) gehört auch eine gemütliche
Osteria, mit Weinverkauf.
    Das **Museo dell'Olio d'Oliva** führt
in die Tradition und Gegenwart von
Olivenanbau und Olivenöl ein – seit
neuestem hat Umbrien ja auch sein
Olivenöl-DOP-Qualitätssiegel (Via
Garibaldi, 10, tgl. 10–13 und 15–19
Uhr, im Winter bis 18 Uhr).
Ca. 12 km südlich von Perugia

Das größte Festival Umbriens,

eine Altstadt zum Schlendern und Schauen, ein kostbarer Dom – und unweit die grandiose Bergwelt der Monti Sibillini.

Spoleto

■ B 10, S. 120

38 000 Einwohner
Stadtplan → S. 79

Schon in vorgeschichtlicher Zeit bewohnt, mit Resten des umbrischen Mauerrings aus dem 6. Jh. v. Chr., ist Spoleto eine der ältesten Städte Umbriens. Amphitheater und Drususbogen sind eindrucksstarke Zeugen der römischen Kolonie Spoletium. Im langobardischen Mittelalter wurde Spoleto Herzogtum, heftig umkämpft von Kaisern und Päpsten. Der Stauferkaiser Barbarossa ließ wegen ausbleibender Tributzahlungen Spoleto und auch den Dom zerstören, versöhnte sich später aber mit der Stadt. Spoleto kam schließlich doch noch für Jahrhunderte unter die Herrschaft der Päpste. Römische Architekten entwarfen viele Bauten – und bis heute machen Römer gerne Besuch in Spoleto, das von der »Ewigen Stadt« nur 125 km entfernt ist.

Die Prominenz drängt sich Ende Juni/Anfang Juli zum »Spoleto Festival« der Musik, der Literatur, der Ausstellungen – seit 1958 Giancarlo Menotti unter dem Titel »Festival dei Due Mondi« eine Brücke zwischen den USA und Europa schlug. Heute auch »Spoletocinema« und – mit öffentlichen Wissenschafts-Debatten – »Spoletoscienza«.

Hotels/andere Unterkünfte

Dei Duchi
■ a 4

Schöne Lage oberhalb des römischen Theaters, elegante Einrichtung, Gartengrün. Einige Zimmer liegen allerdings nah an einer verkehrsreichen Straße.
Via Giacomo Matteotti, 4; Tel. 0 74 34 45 41, Fax 0 74 34 45 43; 49 Zimmer ★ ★ ★ 🐾

Die Kirche San Pietro in Valle, außerhalb der Stadt gelegen, stammt aus dem 12. Jahrhundert (→ S. 79).

Eremo delle Grazie
Eine Residenza d'Epoca hoch über Spoleto. Einstige Mönchszellen wurden Komfortzimmer (jedoch ohne TV), inmitten eines Parks mit Swimmingpool und grandiosem Ausblick. Sehr ruhig.
Strada di Monteluco, 06049 Spoleto; Tel. 0 74 34 96 24, Fax 0 74 34 96 50; www.eremodellegrazie.it; 11 Zimmer ★ ★ ★ ★ 🐾

Ferretti M 👫
Freundliches und einfaches Haus, im Waldgrün auf der Höhe des Monteluco gelegen.
Loc. Monteluco, 20; Tel. 0 74 34 98 49, Fax 07 43 22 23 44; 26 Zimmer ★

Il Panciolle
■ b 3

Nahe beim Dom, attraktive Gartenterrasse.
Via del Duomo, 4; Tel. und Fax 0 74 34 56 77; 7 Zimmer; Restaurant tgl. außer Mi ★ 🐾

Nuovo Clitunno
■ a 3

Zentral und komfortabel, in modernisiertem Altbau, Parkplatz.
Piazza Sordini, 6; Tel. 0743 22 33 40, Fax 0743 22 26 63; 38 Zimmer ★ ★ 🐾

Spaziergang

Für Stadtindianer, die ihre Fährte durchs Straßenlabyrinth suchen, immer auf Entdeckungen aus sind und nicht müde werden, wenn es bergauf und bergab geht – für solche Leute ist Spoleto unter allen umbrischen Städten die faszinierendste. Man kann beim **Teatro Romano** beginnen und über die Piazza della Libertà zum **Corso Giuseppe Mazzini** schlendern. Hügelabwärts an der restaurierten Kirche **San Lorenzo** vorbei zum ehemaligen **Convento San Domenico** – heute ein Ausstellungsplatz für moderne Kunst –, weiter nach Norden zu den mittelalterlichen Bauwerken von **Porta Fuga** und **Torre dell'Olio**, zu den mächtigen Stadtmauern des 4. Jh.

v. Chr. und zu **San Nicolò**. Hinter den alten Kirchenmauern entstand dort ein modernes Kongresszentrum.

Wieder hinauf zur Oberstadt, dort warten Domplatz und Museen, noch darüber die Piazza Campello mit dem barocken Brunnen, der **Fontana del Mascherone**: »biba, viator« ist daran zu lesen: trink, Wanderer! Höher hinauf thront die Rocca. Südlich schließt sich mit altem Pflaster die Via della Basilica an, bergab nach Westen geht's zum Obst- und Gemüsemarkt auf der immer lebendigen Piazza del Mercato, dem einstigen römischen Forum, zum **Drususbogen** und direkt dabei in die frühchristliche Isaaks-Krypta der Kirche Sant' Ansano. Von dort wieder zurück zur Piazza della Libertà! Eine zauberhafte Stadt zum Spazieren! Wenn man sich nicht hetzt, braucht man zwei Tage für den Rundweg, Zeit zum Schauen und für Pausen im Café eingeschlossen. Wer sich die Pausen nicht gönnt, macht die große Spoleto-Runde auch in einem halben Tag.

Sehenswertes

Arco di Druso ■ b 4
Der römische Senat von Spoleto beschloss 23 n. Chr. den Bau dieses repräsentativen Eingangs zum Forum (heute Piazza del Mercato), um Drusus und Germanicus zu ehren.
Via Arco di Druso

Casa Romana 👣👣 ■ b 3
Im Keller des Palazzo Comunale wurden Reste eines Wohnhauses des 1. Jh. n. Chr. freigelegt, mit Mosaikfußböden. Eine Inschrift verweist auf Polla, die Mutter Kaiser Vespasians, als Besitzerin.
Via di Visiale; Di–So 10–13 und 15–18 Uhr

Duomo Santa Maria Assunta ■ c 3
Schon die Fassade mit ihren acht Fensterrosen über dem zum romanischen Dom hin abfallenden Platz ist

ein Erlebnis. Die große dreischiffige Halle des gegen Ende des 12. Jh. wieder aufgebauten Doms (nach Zerstörung durch Kaiser Barbarossa) wirkt licht und einfach, das reiche bildnerische Werk konzentriert sich auf den Chor und die Seitenkapellen. Als kostbarstes Fresko Spoletos gilt die Marienkrönung. Sie ist Teil eines Marienzyklus, den der Florentiner Filippo Lippi für das Presbyterium schuf. Die blauen Himmelsweiten über den umbrischen Hügeln sind erfüllt von Engelschören und Heiligen.

Einige andere Hauptwerke: das auf Pergament gemalte romanisch monumentale Kruzifix von Alberto Sorzio; in der Cappella dell'Icone das byzantinische Marienbild, das Kaiser Barbarossa 1185 der Stadt Spoleto schenkte; in der Cappella di Vescovo Constantino Eroli Fresken des in Perugia geborenen Pinturicchio. In der Cappella delle Reliquie sieht man ein eigenhändiges Briefstück des hl. Franziskus.
März–Okt. 8–13 und 15–18.30 Uhr; im Winter nur bis 17.30 Uhr

Ponte delle Torri ■ c 4
Zehn römisch anmutende Bögen überspannen spektakulär die tief eingeschnittene Schlucht des Tessino. Der 80 m hohe Aquädukt wurde aber wohl erst im 13. oder 14. Jh. erbaut. Noch heute ist der Ponte delle Torri begehbar!

Rocca ■ c 3–4
Päpstliche Festung, im späteren 14. Jh. im Auftrag des Kardinallegaten Albornoz errichtet, um 1500 für kurze Zeit Residenz Lukrezia Borgias, Herzogin von Spoleto und Tochter Papst Alexander VI. Die Rocca war einer der wichtigsten militärischen Stützpunkte des Kirchenstaats und wurde 1860 im Einigungskrieg heftig umkämpft, war dann Gefängnis und ist seit Jahren in Restaurierung. Geplant sind ein Spielcasino oder ein Museum, im Ehrenhof wird Theater gespielt.

San Gregorio Maggiore ■ a 1

Dämmriger romanischer Kirchenraum des 11. Jh. mit antiken Säulen. Gründerin der ersten, im 4. Jh. erbauten Kirche war der Überlieferung nach eine gewisse Abbondanzia, die den Leichnam Bischof Gregors aus dem Amphitheater hierher brachte. Fünf große antike Sarkophage und ein schöner Mosaikfußboden sind zu bewundern.

Piazza Garibaldi

San Pietro in Valle südlich ■ a 4

Vielleicht war San Pietro, außerhalb der Stadt an der alten Via Flaminia gelegen, die erste Bischofskirche Spoletos. Der jetzige Bau aus dem 12. Jh. hat eine Fassade mit interessanten gleichnishaften Marmorreliefs (Darstellungen von Mensch-Tier-Szenen) und im Innern ein großes Christus-Pantokrator-Fresko (als Weltherrscher).

Via San Pietro, südlich der Stadt

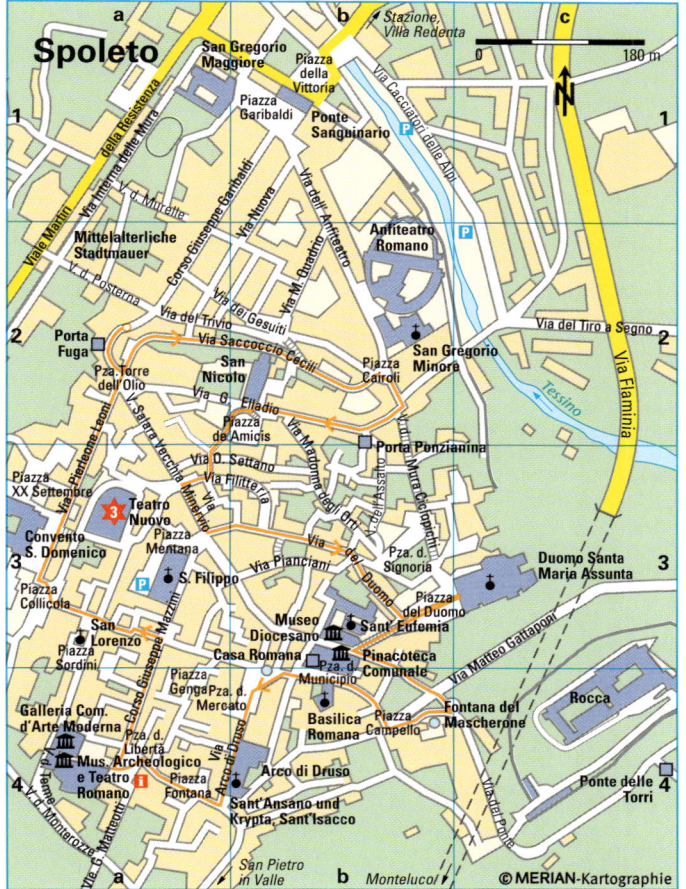

Sant' Ansano und Krypta
Sant' Isacco ■ b 4
Eine architektonische Rarität: Die
jetzige Kirche entstand im 18. Jh., die
Krypta im 11. Jh. Sichtbar sind außer-
dem noch Reste eines römischen
Tempels aus dem 1. Jh. n. Chr. (Säu-
lenstumpf an der Fassade, Stufen zur
Krypta) sowie in der Krypta Mauer-
werk der frühchristlichen Kirche.
Via Arco di Druso

Sant' Eufemia ■ b 3
Als Juwel romanischer Kunst
gerühmt, vorzüglich restaurierter
Bau des 12. Jh. Der Campanile ist
spätere architektonische Zutat.
Am Erzbischofspalast

Villa Redenta nördlich ■ b 1
Renaissancevilla mit Park.
Via Flaminia Vecchia, nördlicher Stadtrand

Museen

Galleria Comunale d'Arte
Moderna ■ a 4
Im Palazzo wird vor allem italienische
Kunst seit den fünfziger Jahren ge-
zeigt, aber auch Alexander Calders
Studien zur Monumentalskulptur
»Teodelapio«, die er 1962 für Spole-
to schuf und am Bahnhof aufgestellt
wurde.
Corso Mazzini; Di–So 10–13 und 15–18 Uhr

Museo Archeologico e Teatro
Romano 👫 ■ a 4
Gut präsentierte Sammlung beim kleinen römischen Amphitheater, darunter römische Porträtköpfe und Stein-
tafeln mit der vorchristlichen »Lex
Spoletina«, die auch den heiligen
Hain auf dem Monteluco schützte.
Via S. Agata; Mo–Sa 9–13.30 und
14.30–19, So 9–13 Uhr

Museo Diocesano ■ b 3
Im Erzbischofspalast – mit prächtigen
Ausblicken! – ist Spoletos beste
Sammlung alter Kunst (u. a. von

Filippo Lippi) zu bewundern, außerdem der Thronsaal voller Bildnisse
der Bischöfe und Kardinäle. Alte Kassettendecke.
Via A.Saffi; tgl. 10–12.30 und 15.30–19 Uhr

Pinacoteca Comunale ■ b 3
Madonnenlächeln, Reliquiarbilder zu
kleinen Glaskästen mit Knochen und
Knöchelchen, Säle voller deckenhoch
übereinander gehängter Bilder, kost-
bares liturgisches Gerät, Antiquitäten
– ein Museum mit Patina.
Piazza del Municipio; Di–So 10–13 und
15–18 Uhr; keine Fotoerlaubnis

Essen und Trinken

Außer den Restaurants der oben
genannten Hotels ist folgendes Lokal
zu empfehlen:

Sabatini Ⓜ Ⓜ ■ a 4
Angenehm urbane Atmosphäre, be-
merkenswert gute Küche, Garten.
Corso G. Mazzini 52–54; Tel. 07 43 22 18 31;
tgl. außer Mo ★ ★

Einkaufen

Was das Käuferherz begehrt –
Mode, Schmuck, Antiquitäten,
Delikatessen –, findet man in der
Via del Palazzo dei Duchi, gleich bei
der Piazza del Mercato und am
Corso G. Mazzini.

Am Abend

Mehrere Theater (Saison: Okt.–April)
und Kinos, dazu Konzerte, im Mai/
Juni ein Orgel-Zyklus, im Sept./Okt.
die **Stagione del Teatro Lirico Sperimentale A. Belli** (Opern) und natürlich im Juni/Juli das **Festival dei
Due Mondi**, das 2001 zum 44. Mal
stattfindet!

La Tartaruga ■ b 3
Attraktive Disko im Stadtzentrum.
Via Filetteria, 12; Tel. 07 43 22 32 82

Oben: Der Tempietto di Clitunno stammt aus der Zeit der Langobarden (→ S. 83).

Mitte: Von Wäldern umgeben, von der Burg beherrscht – Spoleto ist ein Schmuckstück der Region.

Unten: Der Ponte delle Torri ist eine architektonische Meisterleistung des Mittelalters (→ S. 78).

Auskunft

IAT di Spoleto　　　　　　■ a 4
Piazza della Libertà, 7;
Tel. 0743 22 03 11, Fax 0 74 34 62 41;
E-Mail: info@iat.spoleto.pg.it

Assoziazione Festival di Spoleto
Piazza Duomo; Tel. 0 74 34 50 28,
Fax 0 74 34 05 46; Karten: Piazza
Libertà 12; Tel. 0 74 34 47 00, Fax wie oben;
Online-Buchung: www.line.it oder
www.spoletofestival.it.

Innenstadtverkehr
Parkplätze am Nordrand der Altstadt
und an der Viale Martiri della Resi-
stenza. Im Stadtzentrum selbst gibt
es Dauerparkplätze für Hotelgäste.
Städtische Buslinien.

❗ MERIAN-Tipp

Konvent des hl. Franziskus
Eine der reizvollsten Wanderungen bei Spoleto führt
zum **Santuario San Francesco
am Monteluco**, knapp zwei
Stunden vom Ponte delle Torri
aus (Höhenunterschied ca.
360 m). Auf halbem Weg: Trattoria (zeitweise nur abends
geöffnet) und romanische Kirche San Giuliano. Am Ziel:
Picknickplätze, Restaurants,
ein neues Hotel, abseits im
Wald der antike Waldschutz-
stein mit der Lex Spoletina (3.
Jh. v. Chr.) und die Klosterzel-
len, die der hl. Franziskus mit
seinen Gefährten erbaute (tgl.
9–12.30 und 16–18 Uhr,
außer zur Zeit der Messe).
Wenn's zu heiß ist: Von Spoleto aus verkehren auch Busse.
　　　　　　■ B 10, S. 120

Ziele in der Umgebung

Cascia　　　　■ D 10, S. 121
4000 Einwohner

Hoch in einem Bergtal, aber mitnich-
ten weltabgeschieden: Cascia ist eines der meistbesuchten Pilgerziele
Italiens. Die hl. Rita, 1381 im Nachbar-
ort Roccaporena geboren, eine fromme Frau, die nach unglücklicher Ehe in
ein Augustinerinnenkloster ging und
menschenfreundliche Wunder voll-
brachte, wurde schon immer von
Gläubigen verehrt. Seit ihrer späten
Heiligsprechung im Jahr 1900 strömen
jedoch noch viel größere Scharen
herbei, die mächtige Basilika Santa
Rita entstand mit Gold und Mosa-
iksäulen (1937–1947). Ein goldglän-
zendes Ei mit einer Rose, geschaffen
1981 von Giacomo Manzù, ist Blick-
punkt hinter dem Altar und Mittel-
punkt eines modern gestalteten reli-
giösen Raums. Die Heilige sieht man
aufgebahrt in rotgepolstertem Glas-
sarg, aus ihrer Kapelle kann man Ro-
senblätter mitnehmen. Auch die Klos-
terzelle der hl. Rita ist zu besichtigen.
Neben weiteren Kirchen fällt vor allem
die gotische Kirche San Francesco
ins Auge, mit schöner viel strahliger
Fensterrose und Santa-Rita-Altar.
Ca. 56 km von Spoleto

Castelluccio/Parco dei Monti Sibillini　■ E 9, S. 121

Ein ganz anderes Umbrien entdeckt
man auf den Hochflächen der
Monti Sibillini. Als brettebene grüne Ebene erstreckt sich zwischen kah-
len Berghängen 8 km weit der **Piano
Grande**, 1400 m hoch. Mit den Schafherden, die von ferne nur wie Schnee-
flecken erscheinen, mit großflächigen
Linsenfeldern und der schnurgeraden
Linie der Straße, die auf das Bergdorf
Castelluccio zuläuft, erinnert der Piano Grande an nordamerikanische
oder asiatische Landschaften.

Castelluccio, das aus Feldsteinen gemauerte Hirtendorf, war in früheren Wintern oft monatelang von der Außenwelt abgeschnitten. Heute ist es ein Zentrum der Drachenflieger und Skifahrer, es gibt sogar Schlittenhunde, und im Sommer schaffen Musiker auch einmal einen Lastwagen voll Technik hinauf, um auf dem Piano Grande ein Konzert zu veranstalten. Zünftige Unterkunft im **Albergo Sibilla** (Tel. 07 43 82 11 24; 11 Zimmer ★) in Castelluccio oder im **Albergo Canapine** 👫 inmitten des Skizentrums Forca Canapine (Tel. 07 43 82 30 05, Fax 07 43 82 30 06; 41 Zimmer ★★) an der Grenze zu den Marken. Seit 1990 existiert der Parco Nazionale dei Monti Sibillini, der mit seinen rund 70 000 ha drei Provinzen angehört: Perugia, Ascoli und Macerata. Mit ihren 72 Gipfeln bilden die Monti Sibillini den Nordteil des Zentralapennins; höchster Gipfel auf umbrischem Boden ist die **Cima del Redentore**, auch **Scoglio del Lago** genannt (2448 m).
Ca. 80 km östlich von Spoleto

Fonti di Clitunno ■ B 9, S. 120

Die von Poeten gefeierten Quellen und der kleine See liegen 600 m südlich des **Tempietto di Clitunno** (zwischen dem 4. und 8. Jh. n. Chr. entstanden). Der Götterfriede ist dahin, aber trotz des heftigen Verkehrs auf der Straße nach Foligno ist der Platz als Ausflugsziel noch immer beliebt (vor Mitte Juni und nach Mitte Sept. in den Mittagsstunden geschlossen).
Ca. 13 km nördlich von Spoleto

Norcia ■ D 10, S. 121
5000 Einwohner

Segnend steht der Ordensgründer vor der Basilika **San Benedetto**, die 1389 am Platz seines Elternhauses erbaut wurde. In Norcia, römisch Nursia, ist der hl. Benedikt noch immer die Hauptperson. Um die Piazza

San Benedetto bilden der **Palazzo Comunale** mit dem mittelalterlichen Portikus und der stattlichen, erst 1876 zugefügten Freitreppe, die wuchtige Stadtfestung **Castellina** und im Hintergrund der Dom **Santa Maria Argentea** aus dem 16. Jh. ein ganz unregelmäßiges, aber eindrucksvolles Ensemble. Wegen der Erdbebengefahr wurden die Häuser niedrig gebaut, als Obergrenze galt lange 12,5 m Dachhöhe.
In die Zeit des hl. Benedikts tritt man in der Krypta von **San Benedetto** 👫 ein. Dort sind Reste eines römischen Hauses vermutlich aus dem 1. oder 2. Jh. n. Chr. freigelegt worden – möglicherweise Benedikts Geburtsort.
Das immer erdbebengefährdete Norcia ist auch eine Stadt handfesten Lebensgenusses: Girlanden von Würsten hängen an den Läden, daneben Wildschweinköpfe, und der herbe Norcia-Honig ist berühmt. Ebenso das Restaurant **Granaro del Monte** im **Albergo Grotta Azzurra** (Via Alfieri, 12; Tel. 07 43 81 65 13, Fax 07 43 81 73 42; 50 Zimmer ★ und ★★, Restaurant teurer ♿ 🐾).
Ca. 50 km östlich von Spoleto

Trevi ■ B 9, S. 120
7400 Einwohner

Ein Kleinod unter den umbrischen Hügelstädten, mit winziger Altstadt über zahllosen Olivenbäumen. Gegenüber vom Dom **Sant' Emiliano** wurde 1995 die städtische **Pinacoteca** eingerichtet, das moderne **Trevi Flash Art Museum** ist in den **Palazzo Lucarini** eingezogen (Mi – So 14 – 19 Uhr). An sympathischen Restaurants fehlt es nicht. Trevis kostbarster Kunstschatz findet sich etwa 1,5 km außerhalb an der Straße nach Spoleto: die Anbetung der Heiligen Drei Könige, ein Spätwerk Peruginos in der Kirche **Madonna delle Lacrime**.
Ca. 21 km nördlich von Spoleto

Viele Jahre hatte Umbrien das Image eines Landes für Kunstreisen. Man reiste nach Umbrien, um Kirchen zu bewundern, und dachte nicht an Drachenfliegen. Das hat sich geändert, teils durch Eigeninitiative der Touristen, teils durch Aktivitäten der Sportverbände, Gastgeber und Tourismusfachleute.

Sie mögen Aktivurlaub? Die Natur hat Umbrien mit vielem ausgestattet, was Fitnessfans begeistert – Radler wie Reiter, Drachenflieger, Kajakfahrer, Bergwanderer und Golfer.

In den Monti Sibillini finden Skifahrer Lifte vor, in den Apenninen hat man begonnen, Wanderwege auszu-

schildern, und Golfspieler können mittlerweile bereits zwischen fünf Plätzen auswählen.

Äußerst beliebt unter Umbrern ist das Reiten, mit der angenehmen Folge, dass Touristen vielerorts Pferde mieten und auch Reitstunden nehmen können. Auch Fallschirmspringen und Bungee Jumping, Rafting und Hydrospeed stehen auf dem Sportprogamm.

Umbria – le più belle escursioni heißt ein italienischer Führer der 100 (!) schönsten Wanderwege, herausgegeben vom Club Alpino Italiano. Viele Touren verbinden das Natur- mit dem Kulturerlebnis.

Der längste Wanderweg ist der **Tratto Appenninico Umbro**, eine zehntägige Höhenwanderung zum Monte Vettore (→ S. 100).

Angeln

Hechte, Karpfen, Schleien, Barsche und Aale werden im Lago di Trasimeno und im Lago Corbara gefangen, in den kleineren Flüssen Forellen und in einigen Abschnitten des Tibers Karpfen, Barben und andere Weißfische. Auskunft über Angelkarten und -zeiten bei den Fremdenverkehrsämtern.

Die Legambiente Umbria (Via della Viola, 1, Perugia; Tel. 07 55 72 10 21, Fax 07 55 72 20 83) gibt Auskunft über »Sportfischen No Kill« im Nera-Tal bei Vallo di Nera und Cerretto.

Bergsteigen/Bergwandern

In den Apenninen sind zahlreiche Wege markiert. Klettersteige resp. Kletterwände sind eingerichtet bei Pale (Foligno), Monte Tezio (Perugia), Monte Vettore (Norcia) und bei Ferentillo. Bergsteigerschule in Ferentillo in der Valnerina.

Petri Heil: Angler versuchen ihr Glück in den Flüssen und Seen Umbriens.

Valnerina Verticale Sport
■ B 11, S. 120
Piazza V. Emanuele, 9, Ferentillo; Tel. 0 74 42 44 81
Der Bergrettungsdienst ist erreichbar unter Tel. 0 33 92 61 72 86. Der CAI (italienischer Alpenverein) hat Gruppen in Gualdo Tadino, Gubbio, Spoleto und Terni.
Auskunft:
F.A.S.I. (Federazione Arrampicatori Sportivi Italiani)
Tel. 07 44 30 09 46

Bogenschießen

Schießplätze gibt es u. a. bei Passignano sul Trasimeno, Assisi, Città di Castello und Gubbio.

Bungee Jumping

A. S. Jump »Le Marmore«
Absprung vom Brückenkanal bei Rosciano.
Ponte Canale di Rosciano/Arone; Tel. und Fax 34 89 04 51 13

Drachenfliegen/Paragleiter

Empfohlene Plätze: auf dem Monte Cucco, in den Monti Sibillini bei Castelluccio (sehr beliebt!) sowie auf dem Monte Subasio, dem Monte Tezio, in Campello sul Clitunno, auf den Monti Martani, dem Monte Torre Maggiore und in Triponzo di Arone. Ein halbes Dutzend Schulen, u. a.:
Prodelta Scuola di Volo Libero
■ E 9, S. 121
Via delle fate, Castelluccio di Norcia; Tel. 07 43 82 11 56

Golf

Die Adressen von zwei beliebten Golfplätzen bei Perugia (18- und 9-Loch):
Circolo Golf Perugia ■ C 4, S. 116
Loc. S. Sabina Ellera Umbra, Perugia; Tel. 07 55 17 22 04 (Mo geschl.); ca. 10 km westlich von Perugia

Golf Club Lamborghini ■ B 4, S. 116
(mit Lamborghini-Kollektion)
Loc. Soderi, 1, Panicale; Tel. 0 75 83 75 82
(Nov.–Febr. Di geschl.); ca. 26 km westlich
von Perugia, mit Übungsplatz; ganzjährig
geöffnete Golfplätze gibt es auch bei Terni
und Città di Castello.

Höhlenforschung

Der umbrische Karst ist voller
Höhlen. Noch nicht allgemein zu-
gänglich ist das riesige Höhlensys-
tem, das in den letzten drei Jahr-
zehnten im Monte Cucco entdeckt
wurde und derzeit als fünftgrößtes
der Erde gilt.
**Centro Nazionale di
Speleologia** ■ E 2, S. 117
Corso Mancini 9, 06027 Costacciaro;
Tel. 07 59 17 02 36 und 9 17 05 09
(Juni–Sept.)

Zugängliche Höhlen sind die **Tane
del Diavolo** bei Fosso di Bagno (Parrano) und die **Pozzi della Piana** bei
Roccaccia di Titignano (Orvieto).
Auch die **Grotta del Chiocchio** bei
Castagna Cupa (Monti Martani) und
die **Grotta Eolia bei Cesi** (Terni)
sind zu besichtigen. Ebenso sind im
Untergrund von Amelia, Narni und
Orvieto Höhlen zugänglich. Etwa ein
Dutzend Speleologen-Teams geben
Auskunft und unternehmen Exkursionen mit Besuchergruppen.
Weitere Adressen sind in dem
von der Azienda Regionale di Promozione Turistica in Perugia heraus-
gegebenen Info-Heft *Umbria – Natur
und Sport* zu finden (→ Auskunft
S. 106).

Kanu- und Kajakfahren

Solange die Flüsse genug Wasser
führen, sind Tevere, Topino und Nera
für Kanuten geeignet. Am Lago di
Piediluco hat der italienische Ruder-
verband seinen Sitz.

Wildwasserfahrten sind auf mehreren Flüssen möglich. Ein Veranstalter, der auch Auskünfte erteilt, ist unter anderen:
Centro excursionistico Naturalistico
Bocca Serriola – Città di Castello;
Tel. 07 58 55 43 92 und 07 58 55 21 50

Rad fahren

In den meisten größeren und auch in manchen kleineren Orten kann man Räder leihen. Trotzdem gibt es Radsportler, die für die umbrischen Steigungen und Abfahrten lieber ihre eigenen Bikes mitbringen.

Rafting/Hydrospeed

Auf den Flüssen Nera und Corno. Auskunft:
Centro Canoe e Rafting »Le Marmore«
■ B 11, S. 120
Voc. Tiro a Segno, 19, Collestatte/Terni; Tel. 33 34 52 47 22, Tel. und Fax 06 86 21 22 49

Klettergärten für Bergfreunde, die das Extreme lieben – auch Trendsportler werden in Umbrien glücklich.

Reiten

Sehr viele Agriturismo-Betriebe bieten Reitmöglichkeiten. Die Reiterclubs, die **Centri Ippici**, sind meist ganzjährig geöffnet. Außer Reitstunden bieten die **maneggi** häufig auch geführte Ausritte an (Kosten pro Tag ca. 50 €, pro Stunde 10 €).

Ski fahren

In den Monti Sibillini gibt es Möglichkeiten zu alpinem Skilauf und zu Langlauf, auf dem Monte Cucco und dem Monte Serra Santa bei Gualdo Tadino gute Langlauftouren.

Surfen und Segeln

Auf dem Lago di Trasimeno und auf dem Lago Corbara möglich. Surf- und Segelschulen: in Castiglione del Lago und in Passignano.

Wasserski

Auf abgegrenzten Flächen des Lago di Trasimeno (weißrote Bojen!) und nur mit entsprechender Genehmigung erlaubt. Anfragen bei:

Provincia di Perugia ■ B 3, S. 116
Environmental Protection and Lake Services Dept.
Via Europa, 4, 06065 Passignano sul Trasimeno; Tel. 07 58 29 88 04

Wildwasserkajak

Empfohlene Schluchten beziehungsweise Wildbäche: Forra di Rio Freddo (Monte Cucco), Forra di Pago delle Fosse (Monte San Vito, Scheggino), Forra di Parrano und Forra di Prodo (Orvieto) u. a. Noch mehr Adressen im Heft »Natur und Sport Umbria 2002« von der »Agenzia Regionale di Promozione Turistica« (→ Auskunft, S.106)

Wer mit kleineren Kindern unterwegs ist, sucht sich sein Quartier nicht in den Städten, so reizvoll das Mittelalter-Ambiente auch sein mag. Mit Agriturismo lebt man nah am Herzen der Natur, und als Alternative bieten sich auch die Gasthöfe und Hotels am Lago di Trasimeno, in den Tälern von Tevere und Nestore, in der Valnerina oder im Nationalpark der Monti Sibillini an. Reizvoll ist der Süden um Amelia und den Lago di Piediluco.

Nicht nur Kunstreisende und fromme Pilger machen sich gerne auf den Weg ins schöne Umbrien. Die an Grün so reiche Region ist auch familienfreundlich.

Außer Bauernhöfen, Hotels und Gasthöfen (→ S. 14/15) finden Familien in Umbrien aber auch Campingplätze, Ferienhäuser (nur wenige) sowie auch Ferienwohnungen und Privatzimmer (**affittacamere, appartamenti per vacanze**). In umbrischen Jugendherbergen können sich die Gäste auch tagsüber aufhalten. In Umbrien werden häufiger als anderswo Zimmer in Klöstern (**Case religiose di ospitalità**) angeboten, einfach ausgestattet und zu meist günstigen Preisen.

Alle diese Unterkunftsangebote, soweit sie den staatlichen Vorgaben genügen, und dazu noch die »rifugios« (wörtlich: Zufluchten) im Gebirge listet die über 150 Seiten starke Broschüre *Campeggi e altra ospitalità* auf, fünfsprachig und mit vielen Detailinformationen. Als Zugabe gibt's u. a. noch Listen von Fahrradvermietungen und Reitschulen. Anzufordern bei der Agencia Regionale di Promozione Turistica in Perugia (→ S. 106).

Mit seinen flachen Ufern schont der Lago die Trasimeno die Nerven der Eltern. Sie brauchen um ihre Jüngsten nicht zu fürchten, wenn die sich mit Schwimmflügeln ausgerüstet ein paar Meter vom Ufer entfernen. Außer den Campingplätzen am See bieten drei Orte eingerichtete Badestrände: Castiglione del Lago, Tuoro und Passignano. Touristisches Großgerät à la Wasserparks mit Rutschbahnen und Trampolins wie in den Bädern der Adriaküste sollte man nicht erwarten, allenfalls Minigolfplätze oder einen Wanderzirkus. Abgesehen von einigen quirligen Wochenenden in der Hochsaison um Ferragosto (die Ferientage um Mariä Himmelfahrt, 15. August) wird beschaulich gelebt, und wie zu Großelterns Zeiten gerät eine Motorbootfahrt zu den Inseln bereits zur Spitzenattraktion.

Sich auf den ruhigen Rhythmus des ländlichen Umbriens einzustellen, auf eine Landschaft, die nicht mit den Angeboten der Freizeitindustrie vollgepackt ist, wird für Eltern wie Kinder zu einer besonderen Urlaubserfahrung. Auf dem Programm stehen miteinander wandern, in eine Trattoria einkehren, auf Ponys reiten, mit den Größeren Bogenschießen probieren oder sich im Landessport Boccia üben (einige Städte haben auch Boccia-Hallen).

Heranwachsende möchten vielleicht auch einmal ein Kloster sehen, einen mittelalterlichen Stadtpalast, eine etruskische Wohnhöhle wie im Programm **Orvieto underground** (→ S. 62) oder eine römische Ruinenstadt wie Carsulae.

Abenteuer in den Bergen: Die Bahn auf den Monte Ingino, Gubbios Hausberg, sorgt für spannende Ausblicke.

Ein großer See und ein Stück Weltgeschichte, die Spuren des hl. Franziskus, eine Woche auf den Höhen des Apennin – das sind nur einige der umbrischen Erlebniswelten.

Ein Ort der Stille: Auf dem Piano Grande, der riesigen Hochebene, weiden Schafe.

Die Valnerina – rechts und links der Nera

Terni ○

ss209

15 km

Ferentillo ○

ss209

3 km

San Pietro in Valle ○

ss209

14 km

Castel San Felice ○

Unzählige Schattierungen von Grün und Erdfarben, reizvolle Kombinationen von steilen Hanglinien, Wäldern, Türmen und alten Mauern: Für viele Umbrienkenner ist die Valnerina das schönste Tal der Region. In seinen ursprünglichsten Teil fährt man 18 Kilometer nördlich von Terni durch die Enge bei **Ferentillo** ein. Zwei Stadtburgen grüßen malerisch von oben zu beiden Seiten der Straße. In den Felswänden um Ferentillo sind Klettergärten für jegliche Schwierigkeitsgrade angelegt worden, seit 1988 wurde die Bergsteigerschule zur Attraktion des Ortes.

In Ferentillo-Precetto birgt die Krypta von Santo Stefano (13. Jahrhundert) Mumien aus dem Mittelalter.

Bei Sambuceto zweigt eine Fahrstraße zur Abtei **San Pietro in Valle** ab, einem verlassenen, restaurierten Kloster, das der Langobardenherzog Faroald II. im 8. Jahrhundert gegründet hat. So stark zog es ihn in die Bergeinsamkeit, dass er zum Ende seines Lebens als Eremit beim Kloster hauste. Der heutige Baukomplex, aus Naturstein, von Zypressen und Ölbäumen umfriedet, stammt aus dem 11. Jahrhundert.

In ihrer romanischen Schlichtheit ist die Klosterkirche San Pietro das bemerkenswerteste Kunstwerk der Valnerina, mit langobardischen Reliefs (am Hauptaltar) und reich dekorierten römischen Sarkophagen. Kunsthistorisch bedeutend ist der Freskenzyklus des 12. Jahrhunderts, einer der frühesten erhaltenen Zyklen italienischer, noch byzantinisch geprägter Wandmalerei. Von der Paradieslegende bis zum Christusleben reihen sich die biblischen Szenen. An der Schauwand (Paliotto, von 739 bis 742) sieht man bei den drei monumentalen Tragekreuzen das Bild eines Mannes mit Meißel, bezeichnet als »Meister Ursus«. Die schlichte Darstellung gilt als die erste eines europäischen Künstlers nach der Antike.

Talaufwärts ist nach ca. zehn Kilometern östlich der Straße **Castel San Felice** zu entdecken, mit der schönen, frisch restaurierten Kirche San Felice di Narco aus dem Jahr 1190, einem jener syrischen Heiligen zu Ehren erbaut, die im 6. Jahrhundert nach Italien kamen. Die uralten, burgenähnlichen Dörfer am Osthang des Tals heißen Sant' Anatolia di Narco und Vallo di Nera. Zwar gehen die Einwohnerzahlen dieser Dörfer seit den siebziger Jahren stark zurück, doch Sommergäste, Wanderer und Angler geben den Orten neues Leben.

Zum Beispiel Vallo di Nera: Reizvoll malerisch liegt es über dem Tal Vallo di Nera, ein Ort, der in Ringen um das mächtige Kastell gewachsen ist. Eine Einkehr im »Cacio Re« lohnt wegen der typischen ländlichen Küche und noch mehr, wenn man den Wirt antrifft. Manchmal ist er mit seinen Gästen auf Trüffelsuche unterwegs (→ S. 20).

Auf der Staatsstraße im Tal fährt man unterhalb von Piedipaterno vorbei; hier zweigt die gut ausgebaute Straße über den Cerro-Pass nach Spoleto ab, mit überwältigenden Tal- und Gebirgsblicken und – Vorsicht! – extrem risikofreudigen Motorradfahrern. Weiter nördlich bietet **Ponte** gegenüber von Borgo Cerreto nochmals ein Beispiel unverkennbar umbrischer Romanik, die Kirche Santa Maria. Über **Triponzo** kann man nach Norcia abbiegen, bei **Corone** zweigt östlich die Valle Costoriana ab. Von hier aus sind es nur wenige Kilometer zur Abtei **Sant' Eutizio** (12./13. Jahrhundert).

Unterkunft: Abbazia di San Pietro in Valle. Als »Residenza d'Epoca« empfiehlt sich die sorgsam restaurierte Abtei, die auf einer gartengrünen Geländestufe über dem Nera-Fluss ihren Platz seit rund 13 Jahrhunderten hat. Der Komfort ist modern, von der Bar bis zur Klimaanlage. Im Klosterhof: Ristorante Abbazia (Mi geschl.) Via Case Sparse di Macenano, 4, 05034 Ferentillo; Tel. 07 44 78 01 29, Fax 07 44 43 55 22; www.sanpietroinvalle.com; 18 Zimmer, 3 Suiten ★ ★ ★ ♿

Anfahrt: Staatsstraße 209 von Süden (Terni) und Norden (Macerata), Staatsstraße 395 von Spoleto; Linienbus von Terni nach Ferentillo; **Dauer:** $1/2$ Tag; **Karte:** → S. 120/121

○ **Castel San Felice**

ss209

3 km

○ **Vallo di Nera**

3 km

ss209

○ **Piedipaterno**

ss209

9 km

○ **Triponzo**

ss209

12 km

○ **Sant' Eutizio**

Rund um den Lago di Trasimeno

Den »See mit den 100 Gesichtern« nennen die Umbrer ihr größtes Gewässer – und kommen zum Baden, Wandern, Radeln.

Ein schimmernder Spiegel zwischen Hügeln mit Feldern, Burgen und Waldstücken, Wasserglanz, aus dem sich Inseln erheben – das ist der größte See Umbriens, dessen Anblick man auf einer langen Tour mit dem Rad von allen Himmelsrichtungen genießen kann. 73 Straßenkilometer lassen sich zwar sportlich an einem Tag bewältigen, aber Badepausen, ein Picknick am Ufer, ein Spaziergang durch ein altes Städtchen, ein Fischessen oder eine Schiffsfahrt zu einer der Inseln machen daraus schnell eine 2- bis 3-Tages-Tour.

Auf der Tour sind nur vereinzelt stärkere Steigungen zu überwinden.

Die Strecke führt großenteils über Landstraßen, am Westufer steht nur die breitere, in der Hochsaison viel befahrene Staatsstraße 71 Chiusi – Cortona zur Verfügung. Wegen der hochsommerlichen Temperaturen ist die Tour für Juli/August nicht zu empfehlen.

Torricella ○

Wenn man in **Torricella** (Bahnstation) startet, nimmt man mit frischer Kraft die Steigung nach **Monte del Lago**, dem Städtchen mit steilen Gassen und prächtiger Aussicht über den See. Im vorigen Jahrhundert war der Ort Geheimtipp der Prominenten: Von Puccini bis zu Bayerns König Ludwig I. suchten sie in der Villa Palombara ungestörten Landschaftsgenuss. Den späteren Bayernkönig Ludwig I. zog nicht nur die Landschaft an. 1823, weiß die Fama, traf Ludwig, damals noch Kronprinz, in Monte del Lago mit der attraktiven Marchesa Luisa Fiorenzi zusammen. Die beiden hatten ihre Sympathie füreinander beim römischen Karneval entdeckt und blieben lebenslang in Verbindung. Die Marchesa, so schön wie gebildet, teilte die künstlerischen Neigungen des Königs; sie übersetzte die Schriften des Philosophen Friedrich Wilhelm Schelling ins Italienische und wechselte mit dem König hunderte, wenn nicht tausende von Briefen. Ihrem Porträt begegnet man im Nymphenburger Schloss in München, in Ludwigs berühmter »Schönheitsgalerie«.

2 km

Monte del Lago ○

Mühelos führt die Uferstraße an Schilf und immer wieder an Familienpensionen vorbei nach **San Feliciano**. Die Attraktion dieses Ortes ist das kleine Museum, in dem man über den See und die Fischerei viel erfährt, was dem Touristen sonst verborgen bleibt. Wer schon hier eine längere Pause einlegen will, kann auf die Isola Polvese übersetzen. Größte der drei Inseln im Lago Trasimeno ist die **Isola Polvese**, wegen ihrer Badeplätze beliebt. Sie bietet aber auch Naturlehrpfade, die von dem auf der Insel eingerichteten Umweltzentrum »Ambiente come Alfabeto« unterhalten werden. Am Festlandsufer geht's weiter nach **San Savino**, das von einem Burggemäuer aus dem 11. Jahrhundert überragt wird.

Von der südöstlichen schilfbewachsenen Seebucht entfernt sich die Straße. Hoch auf den Hügeln liegt das Burgdorf **Agello**, am Südufer haben die Camper ihre Plätze. Eine ehrwürdige Abtei aus dem 14. Jahrhundert, La Badia, ist, da Privatbesitz, nur im Vorüberfahren zu sehen. Hinter **Sant' Arcangelo** und vor **Panicarola** biegt man auf eine schmale Straße, die sich eng am südwestlichen Seeufer hält, bis sie leider nach wenigen Kilometern in die Staatsstraße 71 mündet. Aber in der Ferne steht schon der Stadtfelsen von **Castiglione del Lago** im Seedunst. In den guten Restaurants erlebt man, wie ausgezeichnet sich die Umbrer auf die Fischküche verstehen.

Kurz vor der Auffahrt zur Autostrada A1 zweigt rechts eine schmalere Straße ab, und unsere Route verlässt für eine kleine Strecke Umbrien und führt bergan auf toskanisches Gebiet. Das alte Zollhaus **La Dogana** (→ MERIAN-Tipp S. 56) steht am Weg, heute ein komfortables Agriturismo-Quartier.

Die Straße führt jetzt hoch über dem Nordufer entlang und kommt bei der Abzweigung nach **Sanguineto** (links) auf das Schlachtfeld, auf dem der Karthager Hannibal 217 v. Chr. die Römer schlug. Wer das Gelände genauer erkunden will, aber keine bergtüchtige Gangschaltung hat, macht den – teils ausgeschilderten – Rundgang besser zu

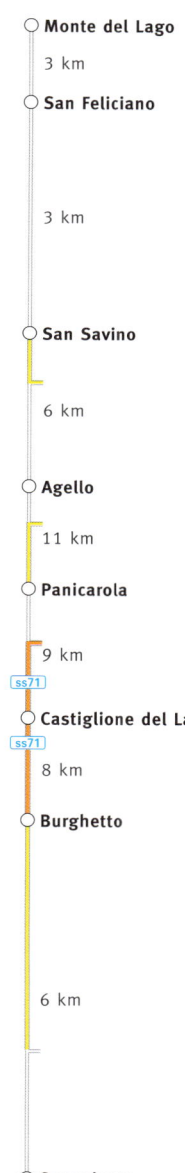

○ Monte del Lago

3 km

○ San Feliciano

3 km

○ San Savino

6 km

○ Agello

11 km

○ Panicarola

9 km

ss71

○ Castiglione del Lago

ss71

8 km

○ Burghetto

6 km

○ Sanguineto

Sanguineto ○   Fuß: hinauf zum Dorf Sanguineto und wieder hinab zum Dörfchen Roccaccia und nach Tuoro (von dort zurück zum Ausgangspunkt ca. ein Kilometer).

Man weiß heute, dass der See vor 2200 Jahren dichter an die Hügel reichte. Den Legionen, die sich Hannibals Marsch auf Rom entgegenstellen sollten, wurden die Engpässe an den Ufern zur tödlichen Falle. Aufkommender Nebel begünstigte den Überraschungsangriff der Karthager von den Höhen. Schautafeln zeigen den für Rom katastrophalen Ablauf, den die römischen Truppenführer mit mangelnder Aufklärung mitverschuldeten.

3 km

Tuoro ○   **V**on Tuoro, dem nächsten Städtchen, kann man Autobahn und Bahngleise kreuzen beziehungsweise unterfahren und auf eine kleine Halbinsel mit Vergnügungs- und Badeeinrichtungen, Restaurants und einem Kunstpark baumhoher Stelen fahren. Schiffe legen zur idyllischen Isola Maggiore ab.

5 km

Passignano ○   **P**assignano, sieben Kilometer weiter östlich, ist ein lebhafter Badeort mit Bootshafen und Souvenirläden. Im See vor Passignano scheint sich eine Flieger-Skulptur aus dem Wasser zu heben, Erinnerung daran, dass Passignano schon in den frühen zwanziger Jahren des 20. Jahrhunderts zu einem Zentrum der italienischen Luftfahrt wurde. Steile Altstadtgassen führen zum Castello. Schweißtreibende 300 Meter höher ist der Wallfahrtsort Castel Rigone zu erreichen, ein Abstecher nur für Trainierte. Großartiger Fernblick und genussvolle Abfahrt nach Magione und Torricella! Dorthin kommt man aber auch, ohne die Herausforderung der großen Steigung annehmen zu müssen.

8 km

Castel Rigone ○

5 km

Torricella ○

2 km

Magione ○

Bild Seite 97: Zypressen begleiten den Wanderer ins Tal der Nera.

Dauer: 1 Tag oder beliebig mehr; **Karte:** → S. 116

Auf der Spur des hl. Franziskus

Von der Zeit des hl. Benedikt bis heute führen viele Wege durch »Umbria mistica«, mehrere davon auf der Spur des Franz von Assisi.

Am Geburtshaus in Assisi kann man beginnen – oder richtiger: an der über den Resten des Geburtshauses erbauten **Chiesa Nuova** wenige Schritte von der Piazza del Comune. Noch wird das Gelass gezeigt, in das der junge Mann von seinem Vater gesperrt worden sein soll, als er statt der Kaufmannskarriere die Armut wählte. In Richtung Süden kommt man zur Piazza Vescovado mit der Kirche **Santa Maria Maggiore**: Dort legte der junge Franziskus, heißt es, alle seine Kleider ab, um die Trennung von Vaterhaus und Wohlstand zu besiegeln. In der nahen Kirche **Santa Chiara** sind Mönchsgewand, Gürtelschnur, Schuhe und Brevier des Franziskus zu sehen, vor allem aber das Kruzifix, vor dem er im Jahre 1205 in San Damiano seine Berufung erfuhr: »...richte mein einstürzendes Haus auf!«

Lohnender Stopp: das Kloster, in dem Franziskus zwei Jahre vor seinem Tod den »Sonnengesang« dichtete.

Von der Porta Nuova führt ein Fußweg von einer Viertelstunde – die Autostraße querend – zum Kloster **San Damiano** hinab, einem der zentralen Orte in Franziskus' Leben. Hier wurde er von Christus berufen, hier lebte seine Freundin Klara mit ihren Ordensschwestern, den Klarissinnen. In der Kirche, im Kreuzgang und in einigen Räumen des schon im 9. Jahrhundert gegründeten, heute von Franziskanern bewohnten Klosters darf man umhergehen, darf man versuchen, sich den Gedanken und Empfindungen des Franziskus anzunähern. Auf schmalen Straßen und Feldwegen gelangt man abseits der Hauptstraße westlich zur Pilgerstätte **Santa Maria degli Angeli**, zu der pompösen Basilika des 16./17. Jahrhunderts, die über der Porziuncola-Kapelle des hl. Franziskus und seinem Sterbeplatz errichtet wurde (etwa zwei Kilometer, Busverbindung mit Assisi).

Um Assisi und in vielen Orten Umbriens gibt es noch andere Erinnerungsstätten, nah sind diese beiden: Rivotorto und Eremo delle Carceri. Südlich von Assisi (rund vier Kilometer) ist in **Rivo-**

torto in der neugotischen Kirche Santa Maria di Rivotorto von 1854 das nachgebildete Sacro Tugurio zu besichtigen, eine ehemalige Steinhütte, die der hl. Franziskus 1209 bis 1211 in der ersten Zeit des Lebens in Armut mit zwei Gefährten bewohnte. Hier entwarf er die asketische Regel des Ordens, die einen deutlichen Kontrast zu dem Prachtaufwand der römischen Kurie darstellte und doch erstaunlich rasch vom Papst gebilligt wurde.

Der malerische Schluchtort Eremo delle Carceri hat wohl schon früh Eremiten beherbergt.

Um von Santa Maria degli Angeli nach Rivotorto zu Fuß unterwegs nicht vom heftigen Verkehr der direkten Straßenverbindung genervt zu werden, macht man besser den Umweg über das Dorf San Giovannuccio.

Eine eigene Exkursion wert ist der Besuch des etwa vier Kilometer östlich von Assisi in Waldeinsamkeit am Fuß des Monte Subasio gelegenen **Eremo delle Carceri** mit seinen Grotten und Felsstürzen. Hier betete und meditierte Franziskus in winziger Zelle, das Kloster entstand wohl erst später.

Andere Franziskus-Stätten sind **Bevagna** mit der Kirche San Francesco; **Pian d'Arca** in der Nachbarschaft soll der Platz der Vogelpredigt gewesen sein; **Foligno,** wo der hl. Franziskus Stoffe der väterlichen Tuchhandlung und das eigene Pferd verkaufte, um die Kirche San Damiano zu restaurieren; **Gubbio,** dem er seit 1206 nah verbunden war; **Montefalco,** wo er eine Quelle entspringen ließ; **Alviano** im Süden Umbriens, wo eine Tafel vor der Rocca an seine Predigt im Jahre 1212 und die hier verkündete Regel für den dritten franziskanischen Orden erinnert; **Trevi,** wo er im folgenden Jahr predigte; **Nocera Umbra,** dessen heilkräftiges Wasser ihm in schwerer Krankheit 1226 half. Wo immer man sich in das Leben des Franziskus vertieft, wird man selbst etwas von der starken Kraft seiner Verbundenheit mit allem Lebendigen und der ganzen Schöpfung spüren.

Die heilkräftigen Quellen bei Nocera Umbra werden bis heute geschätzt.

Spezialführer: »Assisi – Auf dem Weg des Heiligen Franziskus«, Sistema Museo, Carlo Grassetti Edizioni, 1995 (mit Übersichtsplan)
Ausgangspunkt: Piazza del Comune in Assisi

Der Apenninen-Höhenweg

Ein Zehn-Tage-Erlebnis besonderer Art: kaum 1000 Meter über dem Meer, doch in wohltuender Bergeinsamkeit.

Von Scheggia im Naturpark Monte Cucco bis zum Monte Vettore im Naturpark Monti Sibillini (der Monte-Vettore-Gipfel liegt allerdings bereits auf dem Gebiet der Marken) sind es rund 150 Kilometer, wenn man dem **Tratto Appenninico Umbro** folgt. Dieser umbrische Apenninenweg – 1988 offiziell eingeführt – ist Teil des GEA, der **Grande Escursione Appenninica**, die ihrerseits von den Ligurischen Alpen bis nach Süditalien führt. 150 Kilometer, das ist nur ein Zehntel der 1500 Kilometer-Strecke zwischen dem nördlichen Beginn der Apenninen-Kette bei Savona bis zum Südende der kalabrischen Halbinsel. Auch von Ungeübten ist der umbrische Abschnitt **Scheggia – Monte Vettore** ohne übergroße Anstrengungen zu bewältigen. Die bergsteigerische Charakteristik heißt »unschwierige Wanderung«, nur beim Aufstieg zum Monte Vettore muss man absolut trittsicher sein. Und überall sollte man mit wachen Augen den rot-weiß-roten Markierungen folgen, sonst ist man schnell vom richtigen Weg abgekommen. Auch Nebel kann hinderlich werden.

Auf dem Grasteppich der Bergweiden verlieren sich Markierungen – Kompass und Karte mitnehmen!

Nützlich für die Planung der Apenninwanderung: Im Hinblick auf die Übernachtungsmöglichkeiten hat sich die Aufteilung in sieben Tagestouren (die man sich sämtlich auch als Einzelwanderungen vornehmen kann) als praktisch herausgestellt. Etappen: Val di Ranco, Valsorda, Bagnara, Colfiorito, Saccovescio, Castelluccio, Forca di Presta. Die täglichen Gehzeiten variieren zwischen dreieinhalb und gut acht Stunden; sie können natürlich mit Gipfelaufstiegen verlängert werden. Die erste Übernachtung im Gebirge bietet das **Albergo Monte Cucco**, eine angenehme Waldherberge mit uriger Wirtsstube und deutschsprechendem Wirtsehepaar. Im Speisesaal wächst ein starker Baum durchs Dach. An der Forca di Presta, der südlichsten Übernachtungsstation, war bei unserem letzten Wanderbesuch das Rifugio di Alpini nur im August geöffnet.

Am Ende der fünften Tagestour wird man in Saccovescio vielleicht ein Zelt brauchen, wenn man nicht
unterm Sternenhimmel schlafen will.

Diese Wanderung führt also nicht dauernd durch
zivilisationsferne Natur und auch nicht ins
Hochgebirge – nördlich der **Monti Sibillini** wachsen
die Gipfel kaum über 1400 Meter hinaus. Sie lohnt
aber, vor allem wegen ihrer großartigen Fernblicke,
wegen der Bergflora im Frühjahr und wegen mancher Begegnungen, zum Beispiel mit frei weiden-
den Pferden. Zu landschaftlichen Höhepunkten
werden der **Piano Grande** – dies ist die zweitgrößte
Karst-Hochebene Italiens – und der **Monte Vettore**
(2476 Meter). Die Gipfel und Hänge treten weit vor
dem Bergdorf Castelluccio auseinander, geben
dem Piano Grande Raum, einer Ebene, die riesig
wirkt – bis zu den fernen, puppenwinzigen Bruch-
steinhäusern von Castelluccio am Ende einer
schnurgeraden Straße erstreckt sich das satte flache Grün. Bei Castelluccio bietet sich eine Verlän-
gerung der Wanderwoche um einen Tag an. Der
erst jüngst mit modernen Neubauten erweiterte
Bergort war früher oft lange Wintermonate vom
Rest der Welt abgeschnitten. Noch immer treiben
die Hirten ihre Schafherden über die Ebene. Die
sportliche Spezialität des Piano Grande ist das
Drachenfliegen, die kulinarische sind die wohl-
schmeckenden, extrakleinen Linsen – ihre braun-
und grüngetönten Felderrechtecke breiten sich im
Weidegrün immer mehr aus.

Ihren Namen haben die Monti Sibillini nach den Sibyllen, weisen Frauen der Antike. Eine hatte hier ihre Grotte.

Der Monte Vettore, der meistbestiegene Gipfel
der Monti Sibillini, fällt nach Südosten mit einer
dramatischen, an die 1000 Meter hohen Flanke ab,
ist aber von **Forca di Presta** über den Kammrücken
gut erreichbar. Auf Tatendurstige warten die an die
3000 Meter hohen Felstürme im **Gran Sasso**.

Gran Sasso: die höchsten Gipfel der Abruzzen – sie lie- gen nicht in Um- brien, sondern in den Marken.

Kartenmaterial: Kompass-Karte
Spezialführer: »Wanderungen in Umbrien, mit Gran
Sasso und Nationalpark Abruzzen« von Helmut Dumler,
München 1993
Anfahrt: im Norden von Gubbio, im Süden von Norcia
Dauer: ca. 10 Tage, beste Zeit Mai–Sept.

Monte Croce di Serra

Das Hügelland im Südwesten Umbriens ist nicht so spektakulär wie die Apenninen. Doch das Kalkgebirge, das teils aus Jura-, teils aus den noch älteren Trias-Formationen besteht, ist geologisch wie botanisch interessant und bietet bei klarem Wetter hinreißend schöne Ausblicke. Die Wanderung auf den 994 Meter hohen **Monte Croce di Serra** ist darum auch vom WWF in die Auswahl »Il Cammina Umbria« aufgenommen worden, als eine von 26 Wanderungen durch die umbrische Natur (Arcadia Edizioni, Milano 1989).

In manchem Reisebuch findet man nicht einmal die Namen dieser Orte ...

Da der Weg nicht durchgehend bezeichnet ist, kommt man ohne Karte kaum aus. Nordöstlich von Montecchio geht es über den Sattel zwischen Monte Boccialeone und dem Sasso del Pucchio. In Hauptrichtung Südosten durch Hainbuchen- und Eschenwälder, über Wiesen und Weiden erreicht man bald das Gipfelkreuz des Monte Croce di Serra. Der Aufstieg zum Gipfel ist zu allen Jahreszeiten möglich, am schönsten aber ist er an einem klaren Frühlings- oder Herbsttag, mit dem großen Rundblick über den Süden Umbriens. Der Lago di Corbara ist vom Gipfel des Monte Croce di Serra ungefähr zehn Kilometer Luftlinie entfernt, etwa ebenso weit auch der Lago d'Alviano.

Manchmal fehlen nicht nur Markierungen, sondern auch Wege.

Über den **Valico di Femmina Morta** (»Pass der toten Frau«) – wo im Herbst tausende von Drosseln und Ringeltauben Station machen – kommt man immer auf der Kammhöhe zum **Monte Rotondo** (915 Meter) und zum **Pianicel Grande** (895 Meter). Von dort steigt man ohne Weg durch Eichenwald zur Straße Frattuccia–Guardea ab und folgt denn westlich den Grenzzeichen der **Oasi provinciale del Monte Castellari**. Eine befestigte Straße führt durch arkadische Landschaft nach Montecchio zurück. Auf dem Schlussstück kann man die Straße Cocciano – Montecchio benutzen oder Feldwege suchen.

In Montecchio findet man Trattorien, für den Weg sollte man sich aber mit Essbarem und vor allem Trinkbarem versorgen.

Mit Glück kann man Tiere beobachten: Füchse, Dachse, Marder, Wiesel, Siebenschläfer, auch Wildschweine und sogar Stachelschweine. Die »Cervone«-Schlange, die größte in Italien vorkommende Schlangenart, wird stattliche 240 Zentimeter lang und ist für Menschen ungefährlich. Feste Schuhe sind trotzdem richtig.

Beliebte Souvenirs aus der umbrischen Natur sind die abgeworfenen Stacheln des Stachelschweins.

Östlich und südöstlich vom Monte Croce di Serra ist eine Landschaft dichter Wälder und altertümlicher kleiner Orte zu erkunden. Santa Restituta, Toscolano und Frattuccia heißen sie. Bei Dunarobba sind die meterlangen Baumfossilien des versteinerten Waldes zu sehen. Unter den erst vor wenigen Jahren angebrachten Schutzdächern liegen – oder stehen auch noch – die im Lehmboden nicht verfaulten, sondern in Fossilien verwandelten Stämme. Auf Fragen nach Alter und Entstehung des »Foresta Fossile« findet man im vier Kilometer entfernten Avigliano im »Centro di documentazione« Antworten (→ S. 28).

Nicht weit von Dunarobba liegt wie verwunschen die Wassermühle Molinelle in ihrem Tal. Als gutes Standquartier bietet sich das Agriturismo-Landgut San Cristoforo an (→ S. 26). Dessen Gutsherr Dottore Giulio Mancini züchtet Pferde und bietet seinen Gästen begleitete Touren an, ein-, zwei-, drei- oder siebentägig, im Sattel oder auch im Jeep. Weil die Exkursionsteilnehmer abends per Wagen nach San Cristoforo zurückkehren und am nächsten Morgen wieder zum jeweiligen Ort fahren, wo die Pferde warten, sind die Preise vergleichsweise günstig.

Die historische Mühle beherbergt ein Privatmuseum.

Ausgangspunkt: Montecchio, von der Straße zum Friedhof nach 600 m (Wagen dort parken!) links zum Steineichenwald
Anfahrt: von Amelia Staatsstraße 205 in Richtung Orvieto, 4,2 km nach Guardea rechts abbiegen. Fahrzeiten mit ATC-Buslinien zu erfragen unter Tel. 0 74 45 95 41
Auskunft: Servicio turistico territoriale I.A.T. dell' Orvietano, Piazza Duomo, 24, Orvieto, Tel. 07 63 34 17 72, Fax 07 63 34 44 33
Karten: IGM 1:25 000 Blatt 130 II SO »Baschi«, 137 I NO »Castiglione in Teverina«, 137 I NE »Avigliano«
Dauer: ca. 6 Stunden Gehzeit

WICHTIGE INFORMATIONEN

Von den Anreisemöglichkeiten

über Einkaufstipps und den Festkalender bis zu den Zollmodalitäten: Alles Wissenswerte ist hier übersichtlich aufgeführt.

Menschenmassen beim »verrückten« Kerzenlauf: Die Corsa dei Ceri in Gubbio ist das populärste Fest Umbriens.

Anreise

Mit dem Auto
Vier Autobahnstrecken führen aus dem Alpenraum nach Umbrien: Von der Westschweiz erreicht man Perugia über Turin, Genua und Pisa mit der A 12 und A 11 über Florenz (von dort weiter auf der A 1); ebenso kommt man von Basel über die Ostschweiz auf die A 1 nach Mailand und Florenz oder vom Brenner auf der A 22 über Verona und gleichfalls weiter auf der A 1. Wer durch Kärnten und Friaul reist, kann auch die Adria-Autostrada A 14 benutzen. Eine schöne Strecke bietet die mautfreie Schnellstraße E 45 Cesena–Perugia–Orte.

Höchstgeschwindigkeit auf Autobahnen: 130 km/h. Auf außerstädtischen Straßen: 90 km/h.

Mit dem Zug
Günstigste Verbindung zwischen München beziehungsweise Mailand nach Perugia über Florenz (dort umsteigen).

Mit dem Flugzeug
Der umbrische Aeroporto Nazionale Sant' Egidio liegt 12 km östlich von Perugia (Tel. 0 75/59 21 41). Regelmäßige Flugverbindung Montag bis Freitag mit Mailand.

Auskunft

Agencia Regionale di Promozione Turistica dell'Umbria ■ d 4, Klappe hinten
Via Mazzini, 21, 16100 Perugia; Tel. 07 55 73 64 58, 0 75 57 59 51, Fax 07 55 73 68 28; E-Mail: info@apt.umbria.it; www.umbria2000.it sowie auch www.umbria.turismo.it

Staatliches Italienisches Fremdenverkehrsamt ENIT
In Deutschland
– Friedrichstr. 187, 10178 Berlin; Tel. 0 30/2 47 83 98, Fax 2 47 83 99

– Kaiserstr. 65, 60329 Frankfurt/M.; Tel. 0 69/23 74 34, Fax 23 28 94
– Berliner Allee 26
– Lenbachplatz 2, 80333 München; Tel. 0 89/53 13 17, Fax 53 45 27; E-Mail: enit-muenchen@t-online.de
In Österreich
Kärntner Ring 4, 1010 Wien; Tel. 01/5 05 16 30 12, Fax 5 05 02 48
In der Schweiz
Uraniastr. 32, 8001 Zürich; Tel. 01/2 11 30 31, Fax 2 11 38 85
Cooperativa »Guide in Umbria«/ Infotourist
Vereinigung von Stadtführern: viele Angebote, Hotelvermittlung etc.
Infotourist Point, Piazza Partigiani, 3/B, 06121 Perugia; Tel. 07 55 73 29 33, Fax 07 55 72 72 35; www.guideinumbria.com
Infotourist: www.infoumbria.com

Porta Sole Gesellschaft für Italienreisen mbH
Individuelle Fahrrad- und Wandertouren, Gourmetreisen. Deutsche Leitung mit langer Umbrien-Erfahrung
Gundekarstr. 35, 91154 Roth; E-Mail: info@portasole.de
In Perugia: Via Prome 5, Tel. 07 55 72 84 86, Fax 07 55 71 54 62; E-Mail wie oben

Diplomatische Vertretungen

Deutsche Botschaft
Lungarno Vespucci, 30, 50123 Firenze; Tel. 0 55/29 47 22, Fax 28 17 89

Österreich
Lungarno Vespucci, 30, 50123 Firenze; Tel. 0 55/2 65 42 22, Fax 29 54 74; 05 74/ 58 35 00, Fax 57 17 91; Mo–Fr 10–12 Uhr

Schweiz
c/o Hotel Park Palace, Piazzale Galileo, 5, 50123 Firenze; Tel. 0 55/22 24 34, Fax 22 05 17; Di–Fr 16–17 Uhr

Einkaufen

Deruta ist zwar der bekannteste Name, aber umbrische **Keramik** hatte schon in der Renaissance einen vorzüglichen Ruf, auch wenn sie aus Perugia, Orvieto, Gualdo Tadino, Gubbio oder Città di Castello kam.

Die passenden **Möbel** dazu kann man in Todi finden, das ein Zentrum für Antiquitäten und wohl nicht zufällig zugleich ein Zentrum der Möbelschreiner ist.

Mit Olivenöl **extra vergine** und Grappa vom Feinsten, in elegante Flaschen und Fläschchen abgefüllt, dazu mit vielerlei Nudelsorten, mit Pilzen und Trüffeln, mit Regalen voller umbrischer Weine – so verführen die **Delikatessenläden** zum Einkauf.

Weine kann man natürlich direkt beim Produzenten aussuchen (ebenso wie das begehrte Olivenöl).

Feiertage

1. Januar	Neujahr
6. Januar	Epiphanias (Geschenk- und Familienfest)
25. April	Tag der Befreiung vom Faschismus
1. Mai	Tag der Arbeit
Erster Sonntag im Juni	Tag der Republik
15. August	Mariä Himmelfahrt, Ferragosta (Ferienhöhepunkt)
1. Nov.	Allerheiligen
8. Dez.	Mariä Empfängnis
25./26. Dez.	Weihnachten

Feste und Festspiele

Januar
La Pasquerelle
Schäfergesänge in Cascia.

Februar
Karnevalsumzüge
U. a. in Amelia, Bevagna, Perugia

San Valentino
Fest des Patrons der Liebenden

März
Kanu-Regatta
Auf dem Tiber bei Città di Castello.

März/April
Settimana Santa
Karfreitagsprozessionen u. a. in Assisi, Cascia, Gualdo Tadino, Gubbio und Stroncone.

April
Sagra di Tulipano
Tulpenfest mit Maskenzug in Castiglione del Lago.

April/Mai
Corso dell'Anello
Mittelalterliches Turnier und Festumzug in Narni.

Mai
Calendimaggio
Frühjahrsfest in Assisi mit ritterlichen Wettkämpfen, Theater, Chorgesang, Fahnenschwingen (dreitägig).

Corsa dei Ceri
Der berühmte Lauf mit den Statuen des Stadtheiligen auf zentnerschweren Gerüsten in Gubbio: enorme Kraftanstrengung unter enormem Jubel.
15. Mai

Palio di Balestra
Armbrustschützen-Wettspiele und Fackelbeleuchtung in Gubbio.

Infiorata
Zum Fronleichnamsfest werden Blumenbilder ausgelegt, sehr schön in Assisi, Spello und Cannara. In Orvieto Prozession mit dem Tuch, das seit dem Blutwunder von Bolsena als Reliquie verehrt wird (1264).

Fest der hl. Rita
Traditionelle Prozession von Roccaporena nach Cascia, am Vorabend leuchten tausende von Wachslichtern im Cornotal.

Juni
Il mercato delle »Gaite«
Mittelalter in den Straßen von
Beragna – Buden, Shows, Kunst-
handwerk, Bogenschießen.

Rockin' Umbria
Seit 1986 bietet in Perugia und Umbertide dieses Festival den noch
nicht auf der internationalen Szene
bekannten Gruppen eine Chance.

Juli
Umbria Jazz Summer
Seit drei Jahrzehnten treten zehn
Sommertage lang namhafte Jazz-
musiker aus vielen Ländern in Peru-
gia und anderen Orten auf. Auskunft:
Associazione Umbria Jazz, Piazza Dante,
28, 06122 Perugia; Tel. 07 55 73 24 32,
Fax 07 55 72 26 56;
E-Mail: info@umbriajazz.com.

Spoleto Festival
Musik und Theater in Spoleto, seit
1958 ein internationales Ereignis.
E-Mail: info@iat.spoleto.pg.it

Palio delle Barche
Wettkämpfe der Ruderer in Passigna-
no am Lago di Trasimeno – auch zu
Lande.

Todi Arte Festival
Musik und Theater, Film und Ausstellungen (letzte 10 Julitage).

Juli/August
Gran Premio Italiano Mongolfieristico
Ballonfahrer-Wettbewerb in Ponte-
nara bei Todi.

Palio di San Rufino
Ritterkostüme und Turnier in Assisi.

August/September
**Festival delle Nazioni Città
di Castello**
Im Teatro degli Illuminati und an
anderen Plätzen wird Kammermusik
gespielt.

**Internationales Marionetten- und
Puppenfestival Perugia**
Eines der bedeutendsten Marionet-
tenfestivals in Europa (in Zusammen-
arbeit mit UNICEF).

Keramik-Wettbewerb
In Gualdo Tadino, international.

September/Oktober
Teatro Lirico Sperimentale
Lyrische Opern in Spoleto.

Sagra Musicale Umbra
Klassische Musik vom Mittelalter bis
Gustav Mahler an vielen Orten.

Fest des hl. Franziskus
Kirchliche Feiern, Volkslieder und
Volkstänze in Assisi.

Barocke Spuren
Seit 1981 in Foligno: Musik, Theater,
Film und Ausstellungen.

Oktober/November
Winzer- und Erntefeste
Mit Darbietungen und Kostüm-
umzügen an vielen Orten.

Nebenkosten in Euro	
1 Espresso	1,30
1 Bier	2,50
1 Cola	1,30
1 Brot (ca. 500g)	1,50
1 Schachtel Zigaretten	3,00
1 Liter Benzin	0,95
Fahrt mit öffentl. Verkehrsmitteln (Einzelfahrt)	1,30
Mietwagen/Tag	ab 30,00

Eurochocolat
Die süße Verlockung Schokolade
wird mit Kostproben, Ausstellungen
und Szenen in Perugia zelebriert.

Dezember
Presepi
Krippen in Assisi und anderen
Orten, auch »lebende Krippen«,
in der Tradition des hl. Franziskus.

Umbria Jazz Winter
→ Umbria Jazz Summer S. 108

Festival-Übersicht im Internet:
www.italiafestival.it (mit vielen Links)

Geld

Banken haben in der Regel Mo–Fr
8.30–13.30 und 14.30–15.45 Uhr
geöffnet. In nahezu allen Hotels und
Restaurants mittlerer und höherer
Preisklasse werden die gängigen
Kreditkarten akzeptiert.
   Der Euro machte dem Umrechnen
der Lire-Preise ein Ende.

Medizinische Versorgung

EU-Bürger, die bei einer öffentlichen
Krankenkasse versichert sind, können
einen Auslandskrankenschein mitnehmen und sind so zu den jeweils
gültigen Sätzen versichert (Kranken-
häuser und Krankenhaus-Ambulanz).
Privatärzte verlangen häufig Vorkas-
se. Eine private Auslandskrankenver-
sicherung gewährleistet auch Kran-
kenrücktransport im Notfall. **Apothe-
ken** haben Mo–Fr 9–13 und 16–20
Uhr geöffnet. Notdienstadressen an
jeder Apotheke (**farmacia**).

Notruf

Carabinieri 1 12
Polizei/Rettungsdienst 1 13
Feuerwehr 1 15
Pannenhilfe des Automobil-
clubs ACI 1 16

Öffnungszeiten

Läden öffnen in der Regel morgens
zwischen 8 und 10 Uhr, haben von
12 oder 13 bis 15 oder 16 Uhr Mittagspause und schließen abends um
18, 19 oder 20 Uhr.In der Mittagszeit
sind die Türen fast überall geschlossen. Selbst viele Tankstellen schließen zwischen 12 und 15 Uhr.
   Kirchen sind meist 8–12 und
16–19 Uhr geöffnet (im Winter oft
nur bis 17 oder 18 Uhr).

Post

Öffnungszeiten der Post sind in der
Regel Mo–Sa 8.15–13.25 Uhr. Brief-
marken gibt es im Postamt oder in
den mit dem Schild **sale e tabacchi**
gekennzeichneten Zigarettenläden.

Reisedokumente

Für EU-Bürger (über 16 Jahre) genügt
zur Einreise ein gültiger Personal-
ausweis oder Reisepass. Autofahrer
benötigen die grüne Versicherungs-
karte.

Reisewetter

Das mediterrane Klima bringt trocke-
ne, heiße Sommer und milde, in den
höheren Gebirgslagen auch frostige
Winter mit Schnee. Optimal zum
Wandern sind der Frühling mit seiner
Blütenpracht und der lange sonnige
Herbst mit klaren Ausblicken von den
Höhen. Allerdings kann es im Früh-
ling und Herbst auch manchmal
stark regnen.

Telefon

Vor dem Telefonieren mit einer
scheda telefonica (es gibt sie in drei
Preiskategorien in Tabakwarenge-
schäften) müssen Sie eine perforier-
te Ecke abbrechen. Jede Karte hat
ein Verfallsdatum.

Ein kurzes Stadtgespräch (**chiamata urbana**) kostet 0,10 . Für längere Auslandsgespräche (**chiamata interurbana**) gibt es Kabinen in den Postämtern oder bei der Telecom Italia.

Achtung: Die Ortsvorwahl ist nunmehr fester Teil der Nummer und muss auch im eigenen Ortsbereich mitgewählt werden. Ebenso auch die Null des Ortscodes bei Anrufen aus dem Ausland nach der Vorwahl. Mobiltelefongespräche werden ohne die Null angewählt.

Vorwahlnummern
D, CH → I: 00 39
A → I: 00 40
I → D: 00 49
I → A: 00 43
I → CH: 00 41

Tiere

Für Hunde und Katzen muss ein Gesundheitszeugnis vorgelegt werden, das nicht älter als 30 Tage ist, und eine Bescheinigung der Tollwutimpfung, die mindestens 30 Tage, höchstens elf Monate alt sein soll.

Verkehrsverbindungen

Mit dem Auto
In manchen historischen Stadtzentren ist der Autoverkehr zumindest stundenweise eingeschränkt, und Parkplätze sind tagsüber kaum zu ergattern. Für Hotelgäste gibt es Sonderausweise – und für die Tagesbesucher Parkplätze am Rand der Altstädte. Einige Gemeinden haben Buslinien von den Parkplätzen ins Zentrum und/oder Rolltreppen eingerichtet (Perugia, Assisi, in Vorbereitung in Spoleto). Auf den Hauptstraßen gilt 110 km/h Höchstgeschwindigkeit, auf Nebenstraßen 90 km/h und in Wohngebieten 50 km/h.

Mit dem Mietwagen
Internationale Anbieter vermieten Fahrzeuge von rund 75 bis zu 100 € pro Tag, mit beträchtlichen Nachlässen bei längerer Mietdauer und außerhalb der Saison. Kleinere Unternehmen bieten billigere Angebote.

Mit der Eisenbahn
In Umbrien existieren die **Ente Ferrovie dello Stato** (Tickets und Auskunft

Entfernungen (in km) zwischen wichtigen Orten in Umbrien

	Assisi	Amelia	Castellucio	Cità di Castello	Gubbio	Orvieto	Perugia	Spoleto	Terni	Tuoro
Assisi	–	98	96	62	48	100	26	44	74	56
Amelia	98	–	116	138	128	48	90	52	25	128
Castellucio	96	116	–	123	165	161	137	72	92	168
Cità di Castello	62	138	123	–	44	123	51	105	126	49
Gubbio	48	128	165	44	–	113	41	93	118	63
Orvieto	100	48	161	123	113	–	76	89	73	80
Perugia	26	90	137	51	41	76	–	65	82	30
Spoleto	44	52	72	105	93	89	65	–	30	95
Terni	74	25	92	126	118	73	82	30	–	112
Tuoro	56	128	168	49	63	80	30	95	112	–

Piazza Vittorio Veneto, Perugia, Tel. 07 55 00 56 73) und die private **Ferrovie Centrale Umbra** (Linie San Sepolcro in der Toskana über Perugia und Todi nach Terni, Büro Via Sant' Anna, Perugia, Tel. 07 55 75 40 38). Fahrpläne auch an Zeitungskiosken.

Mit dem Bus

Busse sind oft günstiger als die Bahn, weil sie ins oder nahe ans Stadtzentrum fahren, während die Bahnhöfe außerhalb der Hügelstädte liegen. Ein Tipp für den innerstädtischen Verkehr: Tickets sind billiger, wenn sie außerhalb des Busses gelöst werden (Tabacchi, Bar).

Wirtschaft

Umbrien hat in den vergangenen Jahrzehnten einen Aufschwung der mittleren und kleineren Industrie erlebt, aber zugleich den Niedergang der Schwerindustrie, die hauptsächlich in Terni konzentriert war, und leider auch der Landwirtschaft. Landflucht hat viele Dörfer betroffen, die jungen Leute wanderten aus und ließen die älteren zurück. EU-Konkurrenz und EU-Agrarreformen machen den Landwirten zu schaffen, viele Höfe werden im Nebenerwerb bestellt. Erst seit kurzer Zeit ist das Pachtsystem der **mezzadria** aufgehoben, das die Bauern, die nicht Eigentümer ihres Bodens waren, zwang, die Hälfte des Ertrages an den Grundbesitzer abzugeben – bei genauester Vorschrift der Wirtschaftsweise. Insgesamt ist die umbrische Wirtschaft über den italienischen Durchschnitt hinaus stabil.

Zeitungen

Mehrere italienische Zeitungen haben umbrische Lokalteile: *Il Messagero*, *La Nazione* und *Corriere della Sera*. In Zentrum Perugias sind auch die deutschen Tageszeitungen in aktuellen Ausgaben erhältlich.

Zoll

Der Warenverkehr für den Privatverbrauch ist innerhalb der EU frei, allerdings gelten Richtmengen: bis zu 800 Stück Zigaretten, 10 l Spirituosen, 90 l Wein.

Die genauen Klimadaten von Perugia

		Januar	Februar	März	April	Mai	Juni	Juli	August	September	Oktober	November	Dezember
Durchschnittl. Temp. in °C	Tag	7,2	8,8	11,9	16,1	20,5	24,9	27,9	27,8	24,0	18,3	12,7	9,0
	Nacht	1,7	2,4	4,5	7,6	11,3	14,9	17,5	17,4	15,0	11,0	6,9	3,7
	Sonnenstunden pro Tag	3,1	3,4	3,3	6,7	8,2	8,5	10,1	9,2	7,7	5,5	3,8	3,0
	Regentage	9	8	9	9	8	7	5	5	6	8	10	11

Quelle: Deutscher Wetterdienst, Offenbach

Ca. 7. Jahrhundert v. Chr.

Im Gebiet der gegenwärtigen Region Umbrien siedeln im Westen die Etrusker, deren Herkunft bis heute umstritten ist. Reger Kulturaustausch mit den griechischen Stadtstaaten. Östlich, links des Tibers, gründen die Umbrer, die eine indoeuropäische Sprache sprechen und wohl schon um 1000 v. Chr. nach Italien eingewandert waren, die Städte Gubbio, Gualdo Tadino, Spoleto und Assisi. Die Umbrer werden kulturell von den Etruskern beeinflusst.

299 v. Chr.

Die Römer dringen auf umbrisches Gebiet vor und gründen Narni.

ca. 290 v. Chr.

Die Völker am oberen Tiber werden politisch von Rom abhängig.

220 v. Chr.

Bau der römischen Via Flaminia durch Umbrien.

217 v. Chr.

Hannibal aus dem nordafrikanischen Karthago besiegt auf seinem Feldzug durch Italien die Römer am Trasimenischen See. Die umbrischen Städte halten zu Rom.

2.–1. Jahrhundert v. Chr.

Entstehung der Eugubinischen (Bronze-)Tafeln von Gubbio, die liturgische und politische Texte umbrischer Sprache teils in etruskischer, teils lateinischer Schrift überliefern.

89 v. Chr.

Die Bewohner der umbrischen Städte erhalten das römische Bürgerrecht.

14 n. Chr.

Kaiser Augustus ordnet Italien in elf Regionen, Umbrien wird als Region VI klassifiziert.

3. und 4. Jahrhundert

Das Christentum breitet sich aus.

480

In Norcia (lateinisch Nursia) wird der hl. Benedikt geboren.

6. Jahrhundert

Zeit der Völkerwanderung. Umbrien ist Kriegsschauplatz im Kampf Ostroms (Byzanz) gegen die Goten.

568

Langobarden gründen das Herzogtum Spoleto. Das Land zwischen Perugia und Narni bleibt unter byzantinischer Herrschaft.

754

Die »Pippinische Schenkung« des Frankenkönigs Pippin an den Papst umfasst auch den größten Teil Umbriens, der Kirchenstaat entsteht.

Ende 8.–9. Jahrhundert

Seit dem Sieg Karls des Großen über die Langobarden beherrschen die Franken Umbrien. Karl schenkt das Herzogtum Spoleto dem Papst, ohne seine Oberhoheit aufzugeben.

881

Einfall der Sarazenen (Araber).

10.–13. Jahrhundert

Kämpfe zwischen Kaiser- und Papsttum. Die umbrischen Städte, allen voran Perugia, gewinnen Autonomie und werden Territorialmächte.

1182

Franz von Assisi wird geboren, Sohn einer Kaufmannsfamilie und Gründer des Franziskanerordens sowie – gemeinsam mit Klara von Assisi – des Klarissinnen-Ordens.

1195–1197

Der spätere Stauferkaiser Friedrich II. weilt als Kind in Foligno.

1228
Franz von Assisi wird zwei Jahre nach seinem Tod heilig gesprochen.

1308
Gründung der Universität von Perugia.

14./15. Jahrhundert
Die umbrischen Städte werden von Adelsgeschlechtern (Signori) beherrscht.

Um 1448–1523
Pietro Vannucci (»Perugino«) gilt als bedeutendster umbrischer Maler.

16. Jahrhundert
Der päpstliche Kirchenstaat beherrscht nunmehr die Region.

1575
Nördlich von Città di Castello wird erstmals in Italien Tabak angebaut.

1786
Goethe auf der »Italienischen Reise« in umbrischen Städten.

1798–1799, 1809–1814
Die französische Revolutionsarmee und in der Folge napoleonische Truppen besetzen Mittelitalien.

1860
Dem neu gegründeten italienischen Königreich wird die Provinz Umbrien eingegliedert.

1884
In Terni entsteht das erste Stahlwerk Italiens.

1922–1943
Italien unter der faschistischen Herrschaft Benito Mussolinis.

1925
Gründung der Universität für Ausländer in Perugia.

1927
Umbrien wird in zwei Provinzen, Perugia und Terni, geteilt.

1943/1944
In den Klöstern von Assisi retten Mönche und Nonnen viele Juden vor den Gaskammern.

1944
Kämpfe zwischen Alliierten und Deutschen, Geiselerschießungen.

1946
Italien wird Republik.

1957
Das »Festival dei Due Mondi« wird erstmals in Spoleto veranstaltet.

1970
Die Provinzen Perugia und Terni werden zur Region Umbrien zusammengeschlossen.

1979 und 1982
Schwere Erdbeben.

1989
Der Nationalpark der Monti Sibillini wird eingerichtet.

1990
Gründung eines ständigen Theaters mit Hauptsitz in Perugia im Theater »Francesco Morlacchi«.

1995/1996
»Progetto Trasimeno«: Neue Zuflüsse sollen die Wasserversorgung des Lago di Trasimeno sichern.

1997
Schweres Erdbeben im September, Epizentrum östlich von Foligno.

2002
Mit Leihgaben aus den großen Museen der Welt: Benozzo-Gozzoli-Ausstellung in Montefalco.

Wichtige Wörter und Ausdrücke

Ja	*si*
Nein	*no*
Bitte	*per favore,* *per piacere*
Und	*e*
Wie bitte?	*prego, come?*
Ich verstehe nicht	*non capisco*
Entschuldigung, entschuldigen Sie	*scusa, scusi*
Guten Morgen, guten Tag	*buon giorno*
Guten Abend	*buona sera* (sagt man in Italien schon nachmittags)
Gute Nacht	*buona notte*
Hallo	*ciao*
Ich heiße ...	*mi chiamo ...*
Ich komme aus ...	*(io) vengo da ...*
Wie geht's ?	*come va?*
Danke, gut	*bene, grazie*
Wer, was, welcher	*chi, (che)cosa, quale*
Wie viel	*quanto*
Wo ist?	*dove è?*
Wann	*quando*
Wie lange	*per quanto tempo*
Sprechen Sie Deutsch?	*Lei parla tedesco?*
Auf Wiedersehen	*arrivederci*
Heute	*oggi*
Morgen	*domani*

Zahlen

null	*zero*
eins	*uno*
zwei	*due*
drei	*tre*
vier	*quattro*
fünf	*cinque*
sechs	*sei*
sieben	*sette*
acht	*otto*
neun	*nove*
zehn	*dieci*
hundert	*cento*
tausend	*mille*
zehntausend	*diecimila*
hunderttausend	*centomila*

Wochentage

Montag	*lunedì*
Dienstag	*martedì*
Mittwoch	*mercoledì*
Donnerstag	*giovedì*
Freitag	*venerdì*
Samstag	*sabato*
Sonntag	*domenica*

Mit und ohne Auto unterwegs

Wie weit ist es nach ....?	*Quanto è distante ...?*
Wie kommt man nach ...?	*Come si arriva a ...?*
Wo ist ...	*Dove è ...*
– die nächste Werkstatt?	*– l'officina più vicina?*
– der Bahnhof/ Busbahnhof?	*– la stazione/stazione del pullman (autobus)*
– die nächste Bus-Station?	*– la fermata del pullman (autobus) più vicina?*
– der Flughafen?	*– l'aeroporto?*
– die Touristeninformation?	*– l'ufficio turistico?*
– die nächste Bank?	*– la banca più vicina?*
– die nächste Tankstelle?	*– il distributore di benzina?*
Wo finde ich	*Dove trovo*
– einen Arzt/	*– un medico*
– eine Apotheke?	*– una farmacia?*
Bitte voll tanken	*Per favore, il pieno di benzina*
Super	*benzina super*
Bleifrei	*senza piombo/ benzina verde*
Diesel	*diesel*
Mischung	*miscela per motocicli*
rechts	*destra*
links	*sinistra*
geradeaus	*diritto*

Ich möchte ein Auto/ein Fahrrad mieten	*Vorrei noleggiare un automobile/ una bicicletta*
Wir hatten einen Unfall	*Abbiamo avuto un incidente*
Autoschlüssel	*chiavi della macchina*
Der Motor springt nicht an	*il motore non si mette in moto*
Bitte eine Fahrkarte nach ...	*Per favore, un biglietto per ...*
Hin und zurück	*andata e ritorno*

Hotel

Ich suche ein Hotel	*Cerco un albergo*
Ich suche ein Zimmer für ... Personen	*Cerco una camera per ... persone*
Haben Sie noch ein Zimmer frei?	*Lei ha ancora una camera libera?*
– für eine Nacht	*– per una notte*
– für zwei Tage	*– per due giorni*
– für eine Woche	*– per una settimana*
Ich habe ein Zimmer reserviert	*Ho prenotato una camera*
Wie viel kostet das Zimmer?	*Quanto costa (la camera)?*
– mit Frühstück	*– con prima (piccola) colazione*
– mit Halbpension	*– con mezza pensione*
Kann ich das Zimmer sehen?	*Posso vedere la camera?*
Ich nehme das Zimmer	*Si, la prendo*
Kann ich mit Kreditkarte zahlen?	*Posso pagare con la carta di credito?*
Haben Sie noch Platz für ein Zelt/einen Wohnwagen?	*C'è ancora posto per una tenda/una roulotte?*

Restaurant

Die Speisekarte bitte	*La lista delle vivande (il menu), per favore*
Die Rechnung bitte	*Il conto, per favore*
Ich hätte gern einen Kaffee	*Vorrei un caffè*
Wo finde ich die Toiletten? (Damen/ Herren)	*Dove trovo i gabinetti? (Signore/Signori)*
Kellner	*cameriere*
Frühstück	*prima (piccola) colazione*
Mittagessen	*colazione (pranzo)*
Abendessen	*cena*

Einkaufen

Wo gibt es ...?	*Dove è ...?*
Haben Sie ...?	*Lei ha ...?*
Wie viel kostet ...?	*Quanto costa ...?*
Das ist zu teuer	*Costa troppo*
Geben Sie mir bitte 100 g/ ein Pfund/ ein Kilo	*Per favore, mi dia un etto/ mezzo chilo/ un chilo*
Danke, das ist alles	*Grazie, è tutto*
Geöffnet/ geschlossen	*aperto/chiuso*
Bäckerei	*fornaio, panetteria, panificio*
Konditorei	*pasticceria*
Kaufhaus	*grande magazzino*
Markt	*mercato*
Metzgerei	*macelleria*
Haushaltswaren	*negozio di casalinghi*
Lebensmittel	*negozio (generi) di alimentari*
Briefmarke(n) für einen Brief/ Postkarte nach Deutschland/ Österreich/ in die Schweiz	*francobollo(i) per una lettera/ per cartolina la Germania/ l'Austria/ la Svizzera*

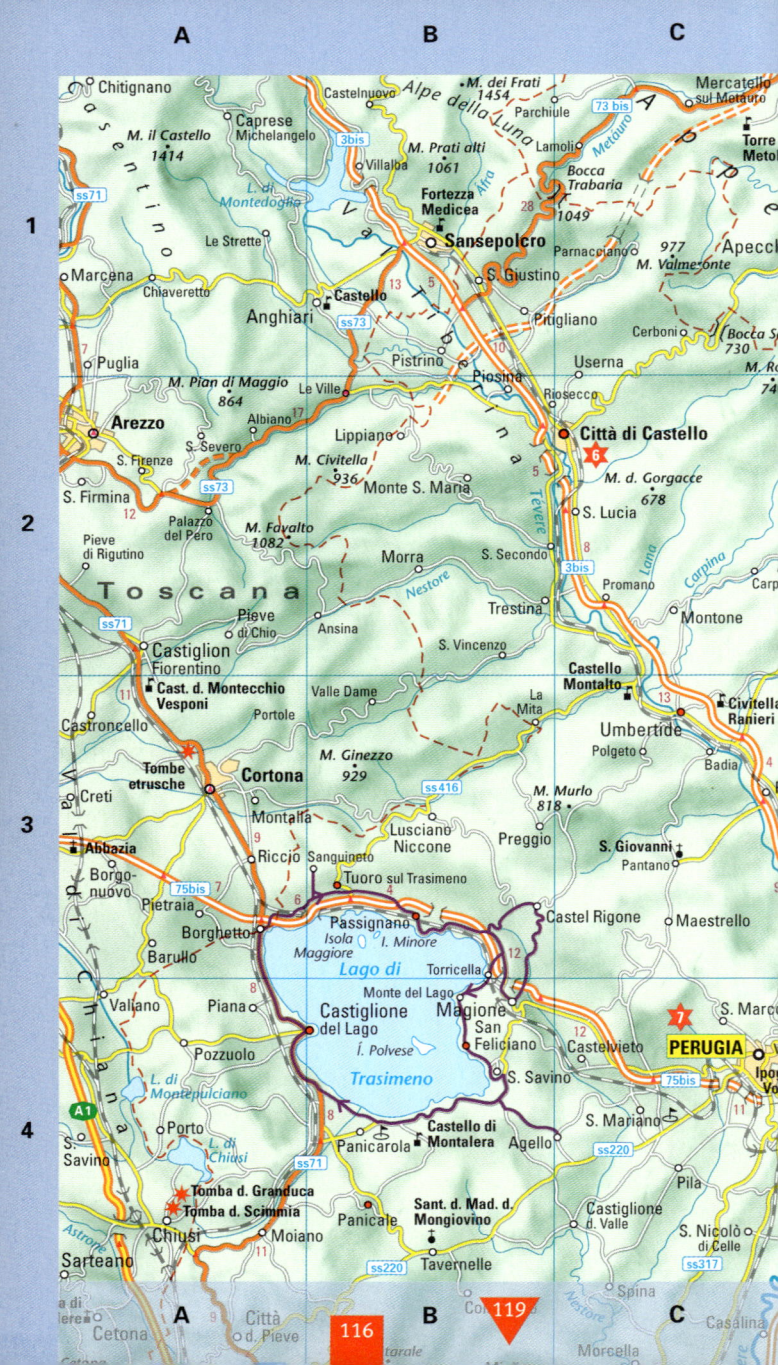

Chitignano
Castelnuovo
M. dei Frati 1454
Mercatello sul Metauro
Caprese Michelangelo
3bis
Parchiule
73 bis
M. il Castello 1414
Villalba
M. Prati alti 1061
Lamoli
Torre Meto
L. di Montedoglia
Fortezza Medicea
Bocca Trabaria 1049
28

1

Le Strette
Sansepolcro
977
Apecc
Marcena
S. Giustino
Parnacciano
M. Valme onte
Chiaveretto
Castello
13
5
Pitigliano
Cerboni
Bocca S 730
Anghiari
ss73
Pistrino
10
Userna
M. R 74
Puglia
Piosina
M. Pian di Maggio 864
Le Ville
Riosecco
Arezzo
Albiano
17
Lippiano
Città di Castello
6
S. Firenze
S. Severo
M. Civitella 936
Monte S. Maria
M. d. Gorgacce 678
S. Lucia

2

S. Firmina
12
Palazzo del Pero
M. Favalto 1082
Morra
S. Secondo
8
Promano
Carpi
Pieve di Rigutino
T o s c a n a
Nestore
Trestina
Montone
ss71
Pieve di Chio
Ansina
S. Vincenzo
Castiglion Fiorentino
Cast. d. Montecchio Vesponi
Valle Dame
La Mita
Castello Montalto
Civitella Ranieri
11
Castroncello
Portole
Umbertide
13
Tombe etrusche
M. Ginezzo 929
Polgeto
Badia
4
Cortona
ss416
M. Murlo 818

3

Creti
Montalla
Lusciano Niccone
Preggio
S. Giovanni
Abbazia
9
Riccio
Sanguineto
Pantano
Borgo-nuovo
75bis
7
Tuoro sul Trasimeno
4
Pietraia
6
Passignano
Castel Rigone
Maestrello
Borghetto
Isola Maggiore
I. Minore
12
Barullo
Torricella
Monte del Lago
Vallano
8
Piana
Castiglione del Lago
Magione
San Feliciano
7
S. Marc
Pozzuolo
I. Polvese
12
Castelvieto
PERUGIA
L. di Montepulciano
Lago di Trasimeno
S. Savino
75bis
Ipo Vo
A1

4

S. Savino
Porto
L. di Chiusi
8
Panicarola
Castello di Montalera
Agello
S. Mariano
ss220
11
ss71
Pila
Tomba d. Granduca
Panicale
Sant. d. Mad. d. Mongiovino
Castiglione d. Valle
Tomba d. Scimmia
S. Nicolò di Celle
Chiusi
Moiano
11
ss220
Tavernelle
Spina
ss317
Sarteano
Astrone

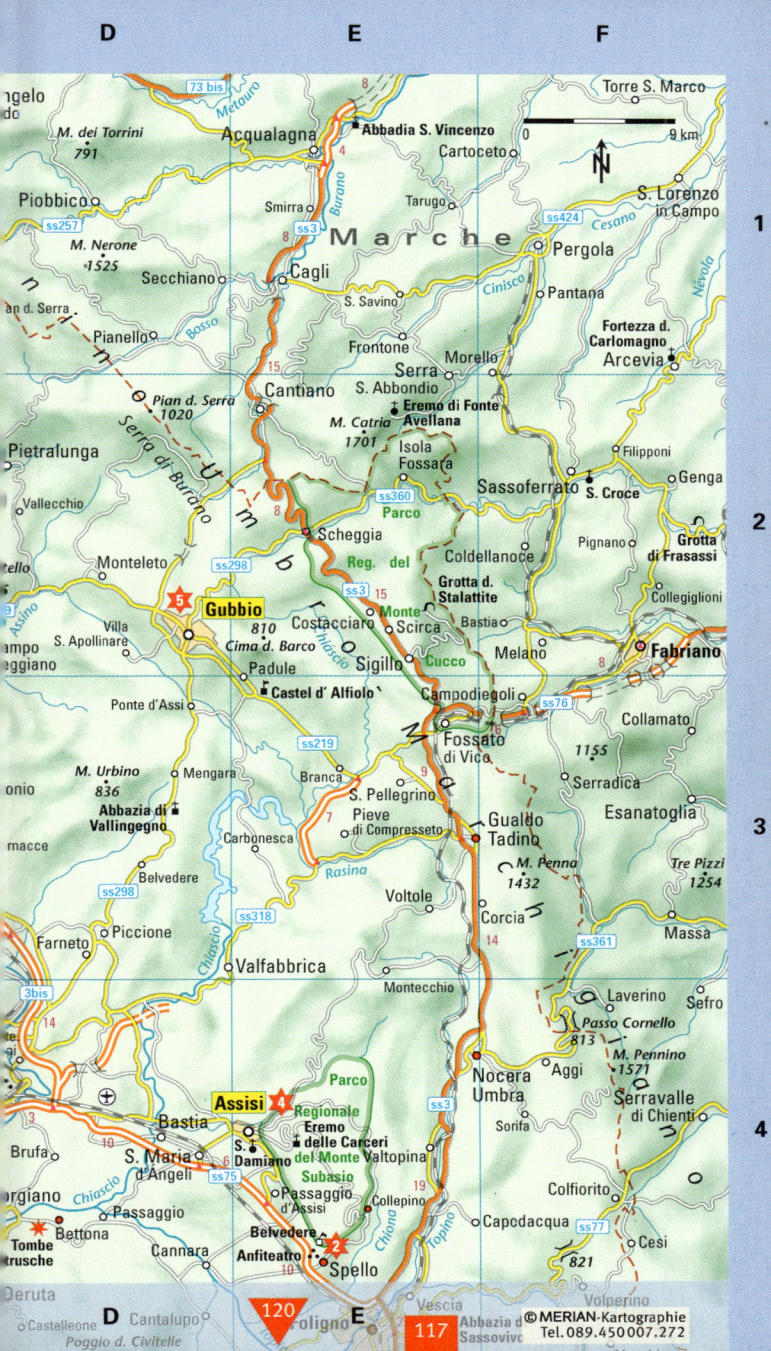

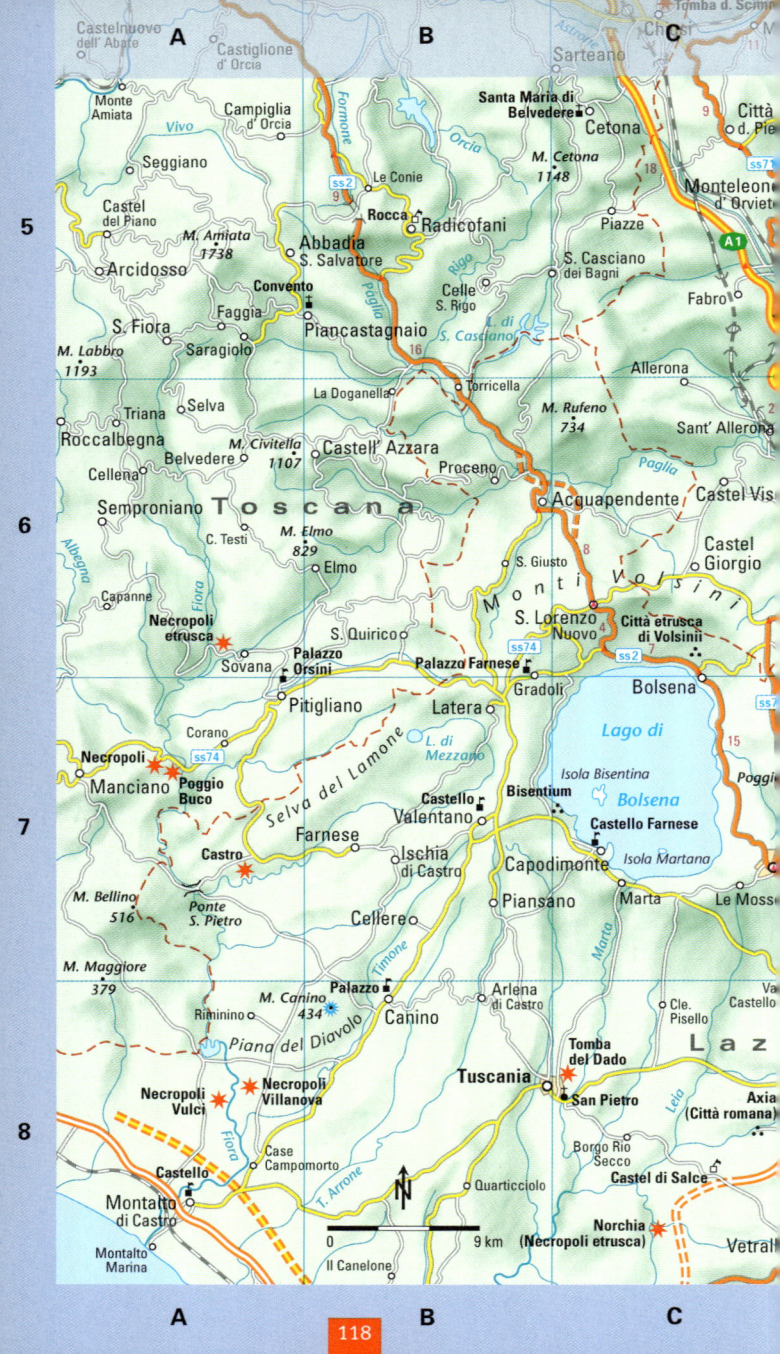

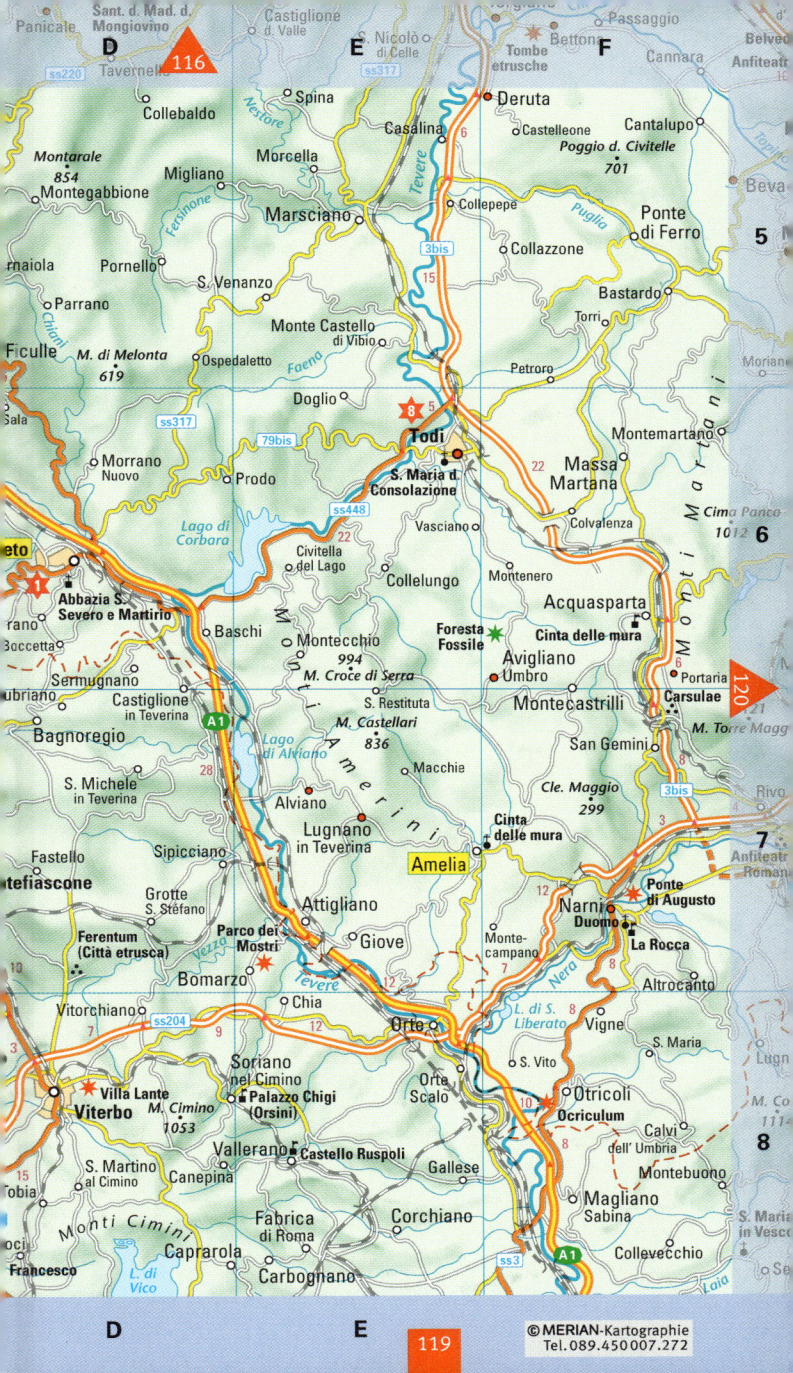

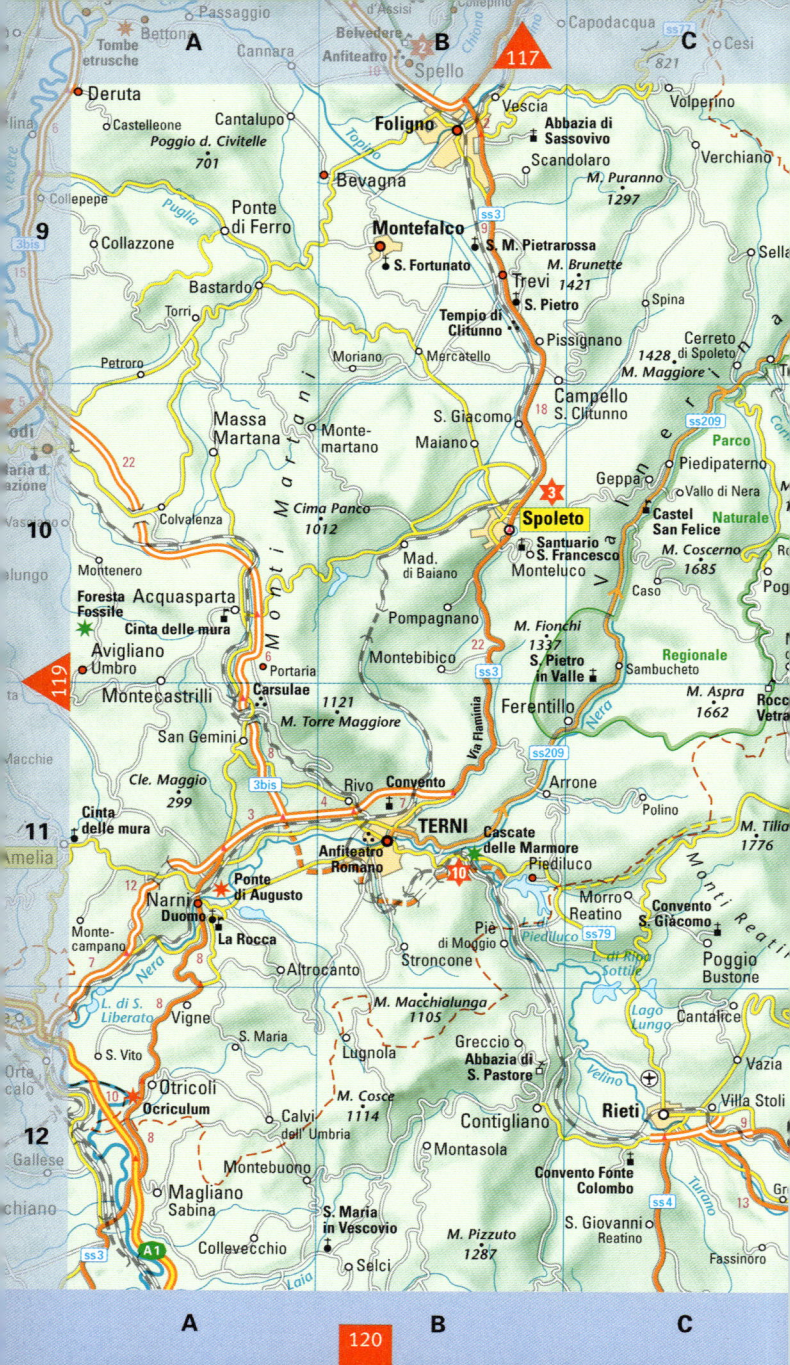

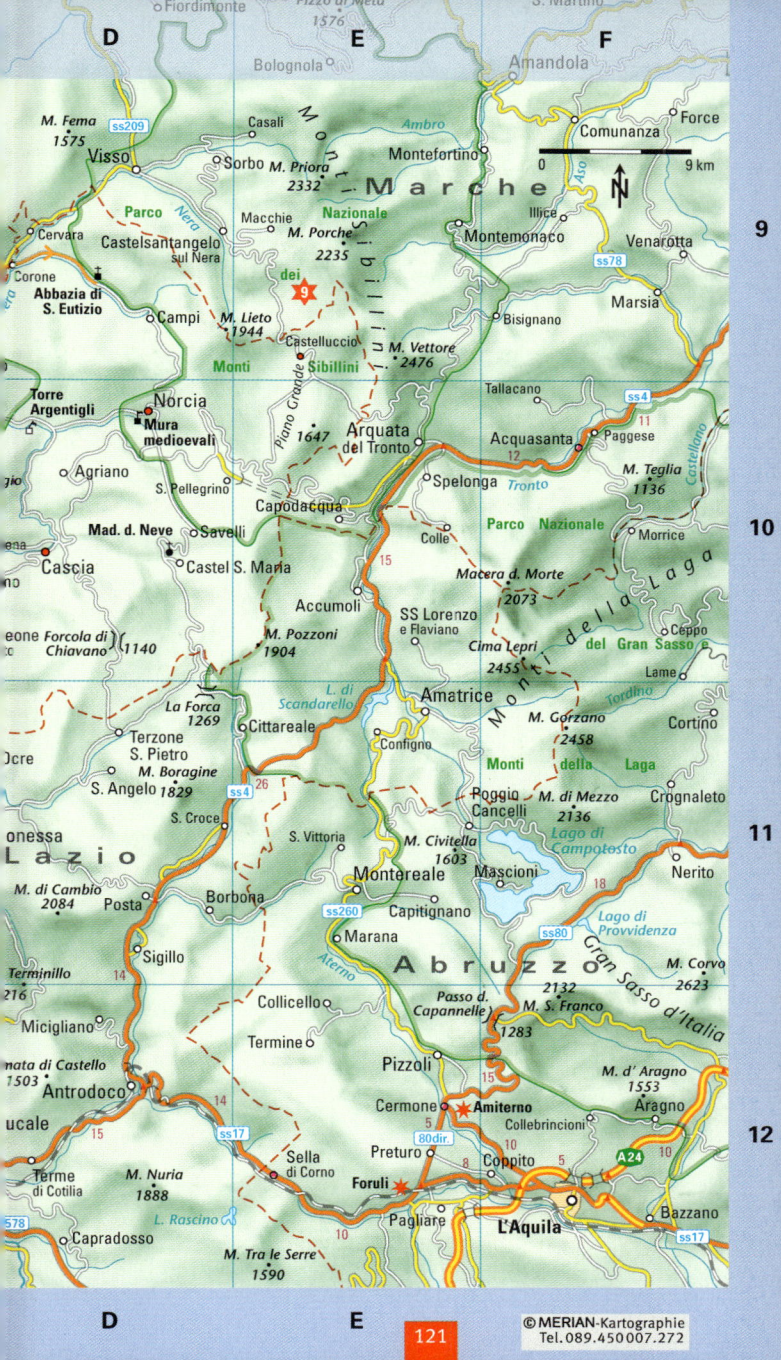

© MERIAN-Kartographie
Tel.089.450007.272

Zeichenerklärung
○ Orte
△ Kap
▲ Gebirge
∞ Landschaft
~ Gewässer, Strand
★ Sehenswürdigkeit
☆ Nationalpark

123

Hier finden Sie alphabetisch aufgeführt alle in diesem Band beschriebenen Orte und Ziele, Routen und Touren. Bei einzelnen Sehenswürdigkeiten steht jeweils der dazugehörige Ort in Klammern, bei Hotels steht zusätzlich die Abkürzung H für Hotel.

Außerdem enthält das Register wichtige Stichworte sowie alle MERIAN-Tipps und Extras dieses Reiseführers. Wird ein Begriff mehrfach aufgeführt, verweist die **fett** gedruckte Zahl auf die Hauptnennung im Band.

ORTS- UND SACHREGISTER

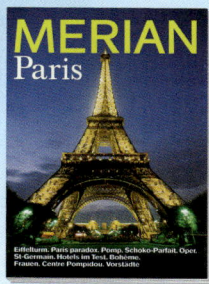

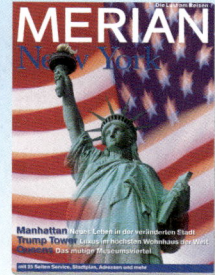

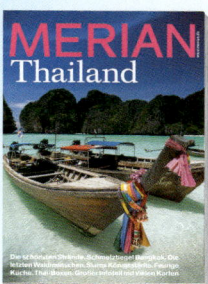

Mit MERIAN auf Reisen

MERIAN ist das Synonym für
Reisen und Kultur auf höchstem Niveau.
Mit dem monatlich erscheinenden
Magazin MERIAN erleben Sie einzigartige
Bilder und packende Reportagen.
Jede Ausgabe enthält außerdem einen um-
fangreichen Serviceteil.

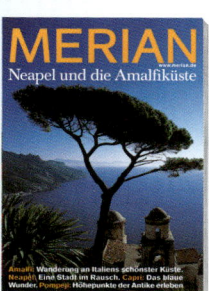

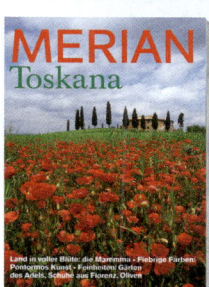

Ihren MERIAN Wunschtitel finden
Sie im gut sortierten
Buch- und Zeitschriftenhandel.

www.merian.de

MERIAN
Die Lust am Reisen

IMPRESSUM

Liebe Leserinnen und Leser,

wir freuen uns, Ihre Meinung zu diesem Reiseführer zu erfahren. Bitte schreiben Sie uns, wenn Sie Berichtigungen und Ergänzungsvorschläge haben oder Ihnen etwas besonders gut gefällt.

Gräfe und Unzer Verlag, Reiseredaktion, Postfach 86 03 66, 81630 München
E-Mail: merian-live@graefe-und-unzer.de

Alle Angaben in diesem Reiseführer sind gewissenhaft geprüft. Preise, Öffnungszeiten usw. können sich aber schnell ändern. Für eventuelle Fehler übernimmt der Verlag keine Haftung.

Verlags-/Programmleitung:
Verónica Reisenegger
Text-/Bildredaktion:
Manfred Viglahn
Kartenredaktion:
Reinhard Piontkowski

Bei Interesse an Karten aus MERIAN-Reiseführern schreiben Sie bitte an:
E-Mail: geomatics@ipublish.de

Gestaltung: Ludwig Kaiser
Karten: MERIAN-Kartographie
Produktion: Helmut Giersberg
Satz: Filmsatz Schröter, München
Druck u. Bindung: Appl, Wemding

Fotos:
Alle Fotos von M. Pasdzior außer
G. Jung 9 o; U. Sommerfeld 66

Gedruckt auf Primabulk
von Papier Union.

© **Gräfe und Unzer Verlag GmbH, München 2003**

Alle Rechte vorbehalten. Nachdruck, auch auszugsweise, sowie die Verbreitung durch Film, Funk, Fernsehen und Internet, durch fotomechanische Wiedergabe, Tonträger und Datenverarbeitungssysteme jeglicher Art nur mit schriftlicher Genehmigung des Verlages.

ISBN 3–7742–6153–9

10 9 8 7 6 5 4 3

MERIAN *scout*
Die Navigations-CD
plus Reiseführer für Ihr Auto

Ihre MERIAN scout Serviceline
Tel.: + 49 / (0) 180 532 533 5
Fax: + 49 / (0) 180 532 533 0
oder unter www.merianscout.de

The reference in digital mapping Tele Atlas

GRÄFE
UND
UNZER

Ein Unternehmen der
GANSKE VERLAGSGRUPPE